湛庐文化
Cheers Publishing
a mindstyle business
与思想有关

THE INVESTING REVOLUTIONARIES

How the World's Greatest Investors
Take on Wall Street and Win in Any Market

华尔街真相

华尔街不会告诉你的事

【美】詹姆斯·威登（James N. Whiddon）
妮基·诺茨（Nikki Knotts）◎著
聂东发 ◎译

中国人民大学出版社
·北京·

THE **前言**
INVESTING
REVOLUTIONARIES

真实的金融世界

多年前，我曾发起一个每周一次的网络电台秀——“投资革命”（*The Investing Revolution*），该节目在我们位于得克萨斯州达拉斯办公室的简易工作室中进行录制。从那以后，随着设备愈加先进，我们的节目也拓展为一日一播，并在全美多个广播频道共同播出，但我们的节目内容仍旧未变：自由市场投资的回报唾手可得——对所有人来说都是如此；华尔街的统治者们必将失去专政；贸易的自由带来了其他自由，而我们不会屈从于制度的局限，这些制度由金融巨头伙同政府及媒体共同制定，目的就是统治我们……

如果在进口方面的金融或投资领域出现任何问题，我们都会在节目中对此进行评论。作家、教授、经济学家、知名媒体人、专栏作家、政治家、诺贝尔奖得主，都会参与到我们的节目中来，向听众提供独到见解，以帮助他们毫无后顾之忧地创造财富。

“投资革命”提供了一面棱镜，通过它我探寻到了这些颇具影响力的人物的思想和观点，而这个节目的宗旨在于加强人们对于真实的金融世界的理解，而并非在各类媒体或者华尔街的广告上所看到的形象。我希望这本书可以让你迫不及待地进行点评，并推荐给好友与同事。

你会发现这本书有时充满挑战性，有时又诙谐幽默，但它总是能启发心智。你会对某些话题心存疑虑，然而你又会为某些话题兴奋不已。你将会对一些观点产生怀疑，情绪激愤，然而有时你又会感到惊讶并为之着迷。我知道对于一本投资学书籍而言，这些听起来太过与众不同了。通常来说，这类书籍都会给读者带来尽可能多的兴奋，其数量之巨堪比节日里的水果蛋糕。但我非常自信的是，你们不仅可以享受阅读的乐趣，更会在阅读过程中收益颇丰。

在第 1 章中，我开始与几位自由市场和被动投资的爱好者们展开交流。我采访了先锋基金（The Vanguard Group）创始人约翰·博格（John C. Bogle）、普林斯顿大学教授伯顿·马尔基尔（Burton G. Malkiel）、有效市场专家尤金·法玛（Eugene F. Fama）、金融评论家威廉·伯恩斯坦（William J. Bernstein），以及诺贝尔奖获得者埃德蒙·菲尔普斯（Edmund S. Phelps）和爱德华·普雷斯科特（Edward C. Prescott）。

在第 2 章中，我将会告诉大家一些考虑到过多的利益冲突，华尔街不愿为人所知的秘密。接着我们会同来自《ABC 新闻》（*ABC News*）的约翰·斯托赛尔（John Stossel）一起，就该话题进行深入探讨，还将披露有史以来我们最喜爱的投资试验——D.U.M.B 基金。

在第 3 章中，我们将深入探讨华尔街之道，包括广告的真实角色。是该给 Spam（罐装肉品牌）投资，还是给最新手机技术投资。我也将定期光顾韦斯顿·惠灵顿（Weston J. Wellington）的广播秀，因为他在观察一些近10年来最令人难以置信的股票。

在第4章中，我会回顾与市场报道相关的主题，因为它们确实与你在报纸和电视上看到的不太一样。“从历史的观点来说，市场是否真的动荡不安？”“像互联网的繁荣与萧条那样的市场周期有什么益处？”“2008年经济危机对市场有什么影响？”《新闻周刊》的丹尼尔·格罗斯（Daniel Gross）和罗伯特·萨缪尔森（Robert Samuelson）参与到讨论之中，并对金融与现实生活进行了不少绝妙对比。

在第5章中，通过对经济预测和在市场前景堪忧的情况下持有黄金的观察，我将继续讲述投资学的实际应用。《股市长线法宝》（*Stocks for the Long Run*）的作者杰里米·西格尔（Jeremy Siegel）和《金融时报》评论员简·布雷恩特·奎因（Jane Bryant Quinn）参加了这些和其他一些重要问题的讨论，包括应该规避的、最糟的金融产品。

在第6章中，我将深入探讨在个人投资中各位能够用到的投资原则。我将与《碰撞：世界金融新版图》（*When Markets Collide*）的作者穆罕默德·埃尔埃利安（Mohamed El-Erian）共同讨论国际市场，与马文·佐纳斯（Marvin Zonis）共同探讨地缘经济政治问题。我也会提及当今什么样的国家更适宜投资，并与T·布恩·皮肯斯（T. Boone Pickens）讨论石油危机。

有趣的人类行为在投资中不可小视。第7章我会同作家巴里·施瓦茨（Barry Schwartz）共同回顾《选择的悖论》（*The Paradox of Choice*）一书中提到的话题。我还引入了诺贝尔奖得主加里·贝克尔（Gary Becker）关于人力资源的思想，以及奥瑞·布莱福曼（Ori

Brafman）关于哪些是试图主宰你决策的因素的见解。除此之外，我会同畅销书作家彼得·伯恩斯坦（Peter L. Bernstein）一起向你展示为何损失会令人如此痛苦。同时我也会介绍我们必须承受的重负：恐惧之重。

第 8 章以轻松谈话的方式谈论了社会责任投资、以正确的基准测算自己的资金，以及投资组合检查八要点等问题。我也为大家带来了与享有盛誉的《一分钟经理人》（*The One Minute Manager*）作者肯·布兰佳（Ken Blanchard）和亚瑟·布鲁克斯（Arthur C. Brooks）博士的鼓舞人心的谈话，我们主要探讨的是幸福与金钱。

列奥纳多·达·芬奇曾说："简单就是终极的复杂。"而我的终极目标正是帮助各位跋涉过当今遍地充斥着的所有金融谬论，简化自己的生活。如果你在适当时机拥有正确的长期战略，那么你的资金就不会出现问题。倘若你能够明智掌控并规避风险，那么在自由资本市场你必将所向披靡。本书在你的探索旅程中将是至关重要的一步，你将可以体验到毫无后顾之忧的财富。

现在，为了那些辛苦工作努力给各位提供信息的人们，请放松自己，拿杯饮料，准备加入到"投资革命"中去吧。

目录

THE INVESTING REVOLUTIONARIES

第1章 战胜华尔街：投资大师们的智慧

THE INVESTING REVOLUTIONARIES

How the World's Greatest Investors Take on Wall Street and Win in Any Market

阿尔伯特·爱因斯坦
现代物理学开创者

真正伟大与激励人的每一件事，都是由那些能为自由努力的个人所创造的。

每一项伟大事业的核心，都有一群伟大的人，他们有着高昂的激情，也有着过人的才智。他们是一群经常被当权派诽谤和抛弃的爱国者，因为那些模仿者和狂热者没有任何根基。我在开篇中想介绍几个人，他们把自由市场作为他们伟大的事业，并且通过他们的头脑、时间和天赋改善经济自由，以及维护个人投资者的自由。

约翰·博格，华尔街的良心

约翰·博格[1]是我有幸遇到的最有风度的人之一。他是属于老布什那种风格的人——以美国最伟大的一代人特有的诚恳风度，坚持用手写的信件来回答人们的任何提问。他于 1929 年出生在新泽西州的维罗纳（Verona），那里距离华尔街仅 34 公里，并且他出生在黑色星期二（股市历史上最糟糕的一天）之前 175 天。从

① 约翰·博格，美国先锋基金创始人，美国投资界的至尊级人物，被誉为“指数基金教父”。他的《共同基金常识（10 周年纪念版）》一书中文简体字版已由湛庐文化策划，中国人民大学出版社出版。——编者注

这一切可以看出，带来一种以简单和常识为特点的投资方法不仅是他的毕生任务，也是命中注定之事。他年轻时因为先天性心脏病而发育迟缓，所以于1986年进行了心脏移植手术。鉴于他的热情、敏捷的反应和所持的乐观态度，我甚至怀疑他接受移植的心脏肯定来自于一个年轻人——甚至十几岁的孩子。不管是否如此，有一点可以肯定：为他做手术的那位医生肯定把这台手术做得非常完美。

约翰·博格是投资界的一个传奇人物。他于1974年创立了先锋基金，在他的领导下，该公司迅速成长为世界第二大的共同基金公司。他于2004年被《时代周刊》评为“世界上最有权势和影响力的人”之一，现任博格金融市场研究中心（Bogle Financial Markets Research Center）主席。他有多本著作，其中包括我最喜欢的《资本主义灵魂之战》（*The Battle for the Soul of Capitalism*）。他曾经于2005年和2007年两次参加“投资革命”节目，并于2009年再次来到节目中，与我们共同分享他关于金融服务领域现状的看法。

1974年，博格创立了第一只指数基金。从那时起，投资者采用被动投资策略经历了很多令人难以置信的成功。被动型基金的特点是低成本和购买后长期持有。这些基金主要是跟踪某一指数，比如标准普尔500指数等进行投资。

30年后的今天，低成本的被动投资在共同基金业务中仍旧只占很小一部分比例。主动型基金经理选择要投资的股票，并且努力预测进入和退出的时机，所以在产品营销方面取得了很大的成功。对于很少人使用被动投资方法，博格是这样回应的：

“（共同）基金业务是基于向某些人卖出某些商品的原则开展的，因为人们经常能够看到主动管理型基金的辉煌业绩，所以主动管理型基金的销售也更加容易。但是，如果人们能够理解‘过去的业绩并不等于将来的表现’这一道理的话，他们的投资会更加成功。就这么简单。”

博格的书名非常有意思：《资本主义灵魂之战》，封面上所显示的副标题是《金融体系是如何侵蚀社会思想、破坏市场信任并掠夺投资者的亿万资产的，以及对此应采取什么措施》（*How the Financial System Undermined Social Ideals, Damaged Trust in the Markets, Robbed Investors of Trillions, and What to Do about It*）。很明显，我们并不难总结他对现在所面临问题的感受。我认为，对于那些不太熟悉被动和主动观点之争的听众而言，历史性的观点有助于他们更容易地理解问题。当被问及自从30年前他开始使用被动投资方法以来，金融体系到底在哪些方面出现了问题，博格给出的答案是，应该比较这一体系设计的目的和它现在所变成的样子——或者如他所说，它是如何“变异”的。

“我们最初采取的资本主义体系非常好，那时的回报都到了资金所有人（投资并承担风险的人）手中，但现在却逐渐变成了管理者的资本主义体系，投资回报主要被公司管理者所获得。我在书中将这种由所有者向管理者的转变称为‘病态变异’。在这个过程中，大部分的回报到了管理者手中，只有很少一部分为资金所有者所得。”

“你可以从CEO的回报中发现这一点。25年前CEO的工资大概是工人平均收入的40倍，但现在已经高达500倍。人们都说：'如果他们的工作表现非常好的话，他们也可以拿这么多的钱。'但事实是，作为一个整体，这些 CEO 已经预测到 25 年来他们（的公司）的年均增长率将达到 11.5%。但是真正实现的增长是 6%，此时经济的年均增长率是 6.5%。这比预期的增长低了将近一半，而且比经济增长率还低了 0.5 个百分点的表现能算好吗？肯定不能！"

在节目中，我们对金融服务领域做了很多观察。企业合并是我们近几年来经常注意到的一个趋势。我想知道博格认为各种金融公司的合并会在多大程度上加剧管理激励这一问题。他对这一问题的观点很明确。事实上，他认为当考虑主动投资管理的可能价值时，这是要分析的最重要的一点。

博格解释道："当然，比较大的刺激措施就是要做得更大。共同基金经理的表现非常好时并不一定能够挣到很多钱，他们只有在管理大量资产的时候才能挣到很多钱。正如伟大的股神沃伦·巴菲特所说，'鼓囊囊的钱包是超级表现的敌人。'资产规模越大，越难创造在第一时间吸引投资者的投资回报。反之亦然。当规模变得异常大的时候，想创造超群的表现就更加困难。但是在这一行业中又遍布大公司：500 亿美元、1 000 亿美元、5 000 亿美元资产规模的公司比比皆是。有两个公司的管理规模达到了 1 万亿！在整个美国股市市值只有大约 13 万亿，而他们就管理 1 万亿的情况下，他们又如何能够创造出超群业绩呢？他们（主动型基金经理）在这样的水平下根本不可能做得非常好。"

"富达投资麦哲伦基金（Magellan Fund）就是一个经典的例子。这曾经是一支伟大的基金，后来规模变得非常大，（然后）

就没能保持之前的优秀表现。在其最后的10年里，它每年落后市场两个百分点，这几乎等于它的交易费用、管理费用的总和。同时，投资者还需要向富达投资公司（Fidelity）支付40亿美元的费用。这是很大的一笔钱，最后却全打了水漂。”

博格在金融行业中非常热衷的一个领域，也是他在演讲中经常提到的领域就是信托责任问题。作为信托责任人，一般被认为具有最好的可信度和正直的品格。美国证券交易委员会（SEC）前主席亚瑟·莱维特（Arthur Levitt）将信托责任人定义为：“按照委托人的意愿，有责任为了委托人的最大利益而做出投资决策的人。”很多投资者和共同基金公司之间似乎缺乏这种能够得到确认和满足的关系。

我追问如何才能回到原来那种投资人和资金管理人之间充满信任的状态。博格对这一问题的回答非常直接也非常深刻：

“（我们）需要联邦法来约束信托责任，我们现在缺乏这样的法律。我们现在有州法律，（但是）它们的执行力非常弱。州法律并不能解决问题，因为这有点像‘竞次’。（如果一个州建立了）严格的信托标准，公司或共同基金就会转向要求比较低的州。所以，限制信托责任的市场法规不是很多。美国证券交易委员会试图通过独立的共同基金主席和独立的公司管理来实现（约束信托责任的联邦法律）。公司管理人倾向于乐观地看待坏结果，你可以想象，他们肯定不会很客观。所以美国证券交易委员会希望独立的基金主席能够比较客观。因而（这是）很重要的一步。但是这受到了美国投资公司协会（Investment Company Institute）和美国商会（U.S. Chamber of Commerce）

的强烈阻拦，因为他们不希望共同基金公司被投资者自己控制。我希望法院能够看破这些自相矛盾的说法，让这些非常重要的改革措施得以顺利进行。我们需要信托责任联邦法。这是我的书中所有的政策推介之一。”

我在节目中喜欢问的一个问题是：“如果你有一天的时间来掌管这个世界，你要改变的一件事是什么？”可以肯定的是，博格的回答没有让我们失望。

“醒醒吧，投资者们。我希望投资者们能够清楚地理解我今天所谈的内容；（我希望）他们能够认识到这些交易和频繁的进出是他们的收益中的一个沉重负担，也是他们整个投资生涯的一个重大损失；我希望他们能够接受到足够的培养，了解我们目前失败的体系、骗人的操作、离心的机器、巨大的诡计（这些都是负责任的人用来形容共同基金行业的词语）；我希望他们能够意识到这些，并能理解拙劣算术的无情规则，希望他们能够把资金投给意识到自己的信托责任并能给他们提供公平利润的人。”

我们从约翰·博格这样的投资大师那里获益良多。被动投资在过去几年中取得了巨大进步。我们正在享受的自由资本市场的良好环境让个人投资者利用多样化投资策略，通过投入到被动管理的共同基金中的每一美元来分享经济发展的利益的可能性得以实现。被动共同基金变得更加为人熟知，但是还需要更多的努力，以便让所有投资者都对其有所了解和接触。在博格的推动下开始的这场运动，将在这场“投资革命”中持续向前发展。

伯顿·马尔基尔，别忙着掷飞镖，要扔毛巾

伯顿·马尔基尔教授的《漫步华尔街》（*A Random Walk Down Wall Street*）是讲投资的经典之作。我非常荣幸于2005年8月在节目中，采访了这位普林斯顿大学著名的经济学教授。他还曾任职于美国经济顾问委员会（Council of Economic Advisors）。他在哈佛大学取得了学士和MBA学位，并在普林斯顿大学取得了博士学位，他还经常在《华尔街日报》上面投稿。

采访中，我向马尔基尔教授提问的第一个问题，是从《漫步华尔街》一书第8版中引用的一句话："在华尔街，'漫步'一词是个贬义词，它是学术界的人创造出来用以贬低那些所谓'专业'的未来形势预测人员。按照它的极端逻辑，一头蒙着眼睛的猩猩随便向报纸的财经版面掷一只飞镖所选中的投资对象，都可以和那些'专家'们仔细分析后所选中的相媲美。那些身穿条纹西装的人们的分析，甚至还不如猩猩的随意选择。"

由于主动管理依然很活跃，拥有广阔的市场。所以我问他，如果市场是有效的，为什么投资者仍然迷恋挑选投资对象并预测市场呢？

"因为金融界挣钱的途径是通过向投资者卖出成本高昂的共同基金，从而销售人员得到大量的佣金；或是促使投资者做大量的交易，以便经纪人可以得到佣金的分成。所以，我认为投资者应该意识到的一件最基本的事情是：此处存在一个真正的利益冲突。你的经纪人（或）你的金融顾问的利益并不一定就是你的利益。我想强调的一点是，你应该通过尽量高效、低成

本的途径进入市场。顺便说一句，在所引用的文字中，我非常赞赏的一点是：我不建议你向投资版面投掷飞镖，而是建议你扔一块毛巾。你可以购买指数型基金，你不能（仅仅）买标准普尔500指数，因为它只代表大盘股。你同时需要购买小盘股、价值股和成长型股票等。我建议的指数基金是要购买包含大盘股、小盘股、价值股和成长股等整个股市的指数基金。你不仅需要市场的一部分，更需要整个市场。”

马尔基尔教授有一个依赖经验数据同时又考虑行为因素的窍门。他介绍了将这二者结合起来对于普通投资者的意义。

“看，没有人在书中整章地讨论郁金香的球根，以及17世纪的荷兰人是如何疯狂地将价格几乎占贵族的城堡相匹敌的资金投资于郁金香的球根。在我的书（《漫步华尔街》第9版）的新章节‘史上最大的泡沫：冲浪互联网’中，人们如果没有认识到‘市场大部分时候比较理性，但是有时候也会疯狂’这一道理，就不可能写出这样的内容。这是崇尚行为主义的人所持的观点。但是坦诚地说，如果避免了所有这些错误，清除了互联网或是其他任何东西带来的幸福感，才是最伤害投资者的事情。所以，我认为这是行为金融学带给我们的最大的教训。”

“我坚信有效市场理论。我认为大部分情况下市场都是对的，但是当我和相信行为主义的人们讨论的时候，我们得出了同样的结论——对于个人投资者来说，最好的事情是购买低成本指数基金，而不要做太多的买入卖出交易。”

马尔基尔教授在书中提到，统计学意义和经济学意义之间是有区别的，我请他对两者之间的不同做深入解释。

“有一点可以肯定的是，相信图表的作用的人会告诉你作图确实有用。也就是说，如果一只股票一直处于上涨状态，那它确实存在持续上涨的可能性。你知道，人们经常会听到这只股票表现得非常好，那只股票表现得比较糟糕。按照统计趋势，这确实有可能是正确的，但是我认为人们不应该照此做投资决定。因为如果照此做买入或卖出的决定，那他们可要做太多的交易了。行为金融学的文献中非常重要的一点是：人们会对自己预测未来走势的能力过于乐观。他们做了太多的买入卖出交易，结果他们的交易越多，他们的经纪人赚钱越多，自己却损失越多。”

马尔基尔在为《华尔街日报》写的文章中曾提到：“有一些人频繁指责那些提出‘允许个人将社会保障的部分资金投资于私人账户’建议的人，认为这会给退休人员带来不合理的风险，并导致其中很多人处于贫困之中。”美国退休人员协会宣称个人账户会让社会保险变成“社会不保险”。这是一个不容易很快得出结果的政治辩论，我想知道他对这个问题的看法。

“嗯，我支持私人账户，我认为简单地说它风险太大的看法是错误的。关于股市，有几个问题需要解释清楚。如果你准备好了明年供孩子上大学的钱，那你不要将这些钱投到股市中，因为没人知道股市明年的收益怎么样。但是如果你有些钱可以投资25年、30年甚至35年，那么股市的风险就小得多了。”

“如果你回头看看历史，研究一下收益最低的25年是哪一段时间。你会发现，即使从大萧条之前开始，年均收益也达到了6%~7%。所以（第一点）就是，对于长期投资者来说，股市的风险要小得多，因为其中不可避免的上涨或下跌会互相抵消。

第二，如果采用平均成本投资法，也就是说，定期投入一定的钱并坚持不懈。比如，在2002年10月看起来天要塌了的时候也不停止，而在2000年3月情况非常好的时候也不多投入。就像社会保险体系那样，每隔一个季度或一个付款周期投入一定的资金。所以，我的答案就是，如果你广泛分散风险，降低投资成本，进行长期投资并采用平均成本投资法，就能避免投资中的很多风险。如果坚持这样做，我相信投资股市的风险也不会很高。恰恰相反，我认为这将为普通美国人积累一笔很大的财富，如果他愿意，这是一笔值得留给继承人的财富。我是私人账户的坚定支持者，而且认为对它的很多指责都是不恰当的。”

在我们采访时，有一个令人不安的趋势正在抬头，那就是很多个人投资者开始进入到对冲基金中。由于当时股市没能出现人们所预期的收益，这些产品就被宣传为“恰当的投资品”。我问马尔基尔教授对冲基金的问题在哪里，为什么它能变得这么流行，并不合时宜地被称为“聪明的投资”。

“我想这对普通投资者没什么好处，真正获得好处的是对冲基金经理。你可以发现为什么这么多人涌入到对冲基金中，对冲基金经理收取费用的方式一般被称为‘2和20’。也就是说，对冲基金经理会收取所投资金的2%作为交易费用，‘20’是指如果有盈利的话，基金经理将收取盈利的20%。现在，你可能要问了，‘即使对冲基金的表现非常好，又能给我留下多少呢？’”

“事实上，根据我所做的收益分析，普通投资者投资于对冲基金的收益甚至还不如在股市中做简单的指数投资。而且它的风险同样非常高，因为这些对冲基金的回报来自很多地方。如果期望购买组合型基金（对冲基金）进行多样化投资来避免风险，对于投资者来说可能是个更糟糕的选择。组合型基金所购买的对冲基金已经被基金经理按照‘2和20’的原则收取了费用，而组合型基金的经理又要收取‘1和10’。他要收取投资额的1%和对冲基金经理进行多样化投资所产生收益的10%。这对对冲基金经理来说非常好，但是我认为个人投资者应该远离这一领域。”

然后，我向马尔基尔教授提出了“如果能够掌管世界一天”的问题。

“我认为一些（基金）的内部问题非常不透明。投资者仅仅通过共同基金的简介很难真正弄明白自己所付的费用。所以我想（必须要）对这种金融游戏中的利益冲突进行更好地曝光，以及对投资者所付出的成本进行更好地揭示。我并不是要求更多的书面说明，恰恰相反，我一直推崇一张纸的简介。更简洁的说明可能更清楚，所以（必须要有）关于利益冲突和投资者成本的清晰信息。我希望书面说明更少，但是更加清楚。”

尤金·法玛，有效市场与什么样的股票最赚钱

尤金·法玛是芝加哥大学商学院（University of Chicago Graduate School of Business）罗伯特·麦考密克（Robert R. McCormick）杰出金融服务教授。他创造了“有效市场”这个术语，1970年，他关于有效资本市场的论文在《金融》杂志（*Journal of Finance*）发表后，该术语得到了广泛的应用。法玛是个帆板运动员，还是个网球迷，他和共同生活50余年的妻子萨莉育有4个子女和10个孙子（女）。理解有效性的含义已经不仅仅是学术追求，更是这个家庭的一种必要的氛围。他的其中一个孩子小吉恩·法玛（Gene F. Fama Jr.）继

承了父亲“有效市场”的理论，成为了DFA公司（Dimensional Fund Advisors）的副总裁。

法玛教授的贡献已经从根本上重新定义了我们对“什么样的股票最赚钱”的理解。他于2007年4月来到“投资革命”节目中，和我们一起讨论他的开创性的研究。

我询问法玛教授，40年前当他使用“有效资本市场”这一术语时，他指的到底是什么。我发现他的回答既有趣又实用：

> “严格地讲，这个术语的含义是所有关于未来的已知因素都已经包含在价格中，所以在当前的价格中人们为了得到信息可以做的事情已经不多。因此，人们对于投资所期望的就只剩预期收益与风险之间的正常关系。我从来没有严格的去定义这个术语。没有任何事情是绝对有效的，这只是人们用来做判断的极端情况。我给出的更实用的定义是，很多人并不能发现尚未包含在当前价格中的信息，所以只要他们被考虑在内，市场就是有效的。很难找到一个不适用这一理论的人。”

和很多个人投资者一样，我们的听众已经被强调投资板块（可确认的、大功能的经济板块，比如技术板块、石油天然气板块，以及医药板块等）的金融媒体深深影响，以至于他们对资产类别投资的概念知之甚少。我希望法玛教授能就这个问题给予解释，所以我向他提问如何定义一种资产类别。

> “嗯，你可以首先对债券和股票做一下对比。对于股票，肯·弗伦奇（Ken French）和我过去20年的研究发现，可以将其分为有意思的两类，或者说有两种分类方法，每一种都和平

均收益相关。一种是将其分为小盘股和大盘股，小盘股的平均收益一般高于大盘股。另一种是将其分为成长型股票和价值型股票。成长型股票所属的公司一般获利能力更强，增长更快，所以它们更被看好；它们一般都是比较强的公司，尤其是一些大公司。价值型股票属于另一种类型，它们的获利能力没有那么强，增长也不是很快。更简单地说，成长型股票的价格相对于收益或是账面价值等基本信息显得更高，因为它们被寄希望于将来获得更高的增长；然而价值型股票的价格和基本信息则比较低，因为人们对其增长的期望不是很高，而且事实上它们有可能正在重组，所以规模上或许暂时还会缩小。”

虽然他没有详细列出各种资产类别，我还是非常感谢他用简单的方法将资产类别分为小盘股和大盘股以及成长型和价值型股票。如果你把这种分类框架应用于国际市场和新兴市场，那么你的投资组合中可能会包含8~10种资产类别。

如果我们的采访就此结束，那么你肯定会认为法玛倾向于支持购买大盘成长型股票。他所描述的似乎正如你要在投资组合中购买的股票一样。但是，他所做的研究表明，长期来看投资组合中包含小盘股和价值股同样具有优势，我请法玛教授就这些研究进行深入解释。

法玛教授和肯·弗伦奇一起于20世纪90年代初就规模和价值的效果写过多篇文章。在我们的采访中，他详细解释了自从他开始写早期的几篇论文起，这些研究是如何发展的。

“我们所做的研究之一，就是仔细测试在我们最初研究的时间段之外的其他不同时间内，（小盘股和价值股）是否会出现同样的表现。我们最初研究的是 1964 年的情况，然后将其回溯到了 1926 年，而且我们研究了国外市场看看能否发现同样的情况。研究结果表明，世界范围内不同时间段的情况都非常相似。在我们看来，这是所有风险的应得回报。价值股的风险基本上更大一些，而且需要的资金更多，小盘股相对于大盘股也有同样的情况。但是风险归风险，你不能期望这些投资在一年内就实现回报，事实上可能会出现长期无法实现回报的情况。这就是风险和回报的本质。如果你想在一个稳定的基础上实现回报，这可能需要终生的投资，大概 35 年的时间。”

自从法玛教授第一次提出有效市场理论以来，行为主义理论家和有效市场理论家之间就一直存在激烈的争论。我询问法玛教授，他感觉现在所有争论的焦点是什么，为什么他认为另一方是错误的。

“以价值股和成长股为例，按照有效市场理论，这只是风险和收益的关系。价值型股票公司的表现一般都相对较差，而且需要更多的资本，所以它们将来的预期收益也比较高。按照（行为主义理论家）的观点，成长型股票和价值型股票之所以能够实现收益是因为它们当前的价格都不合理。成长型股票的价格过高，而价值型股票的价格过低。（而且）按照他们的观点，最终这种价格不平衡将得到纠正，价值型股票的最终受益高于成长型股票。所以，两种理论的分歧不是在于结果，而是在于根本原因。在他们的观念中，人们从来不学习，市场经常会对过去的表现过度纠正，而下一代投资者会和上一代犯同样的错误。在整个投资过程中，没有任何学习过程。对于一个经济学家，这听起来是完全错误的，我们不希望人们一直犯错。”

我把最重要的问题留在了最后：你希望个人投资者从你的著作

中学到，并且在他们以后的投资生活中要牢记的、最重要的一两个方面是什么？

“我想投资者应该记住的是，对于大多数事情，他们并不能得到所有的信息。就我自己来说，我认为我没有足够的信息来说明市场不是有效的。我已经对市场研究了45年，除了基于‘某些股票比其他股票的风险更高’这一事实以外，我不能预测任何一只股票的收益将超过其他的。所以（投资者）应该关注于资产分布，为了将来不同的收益，他们愿意承担多大的风险。他们同时应该坚持自己的投资计划，不管是什么样的计划，千万不要左右摇摆。多样化投资是他们的好伙伴，应该经常坚持多样化的投资组合。”

法玛教授已经于2013年10月赢得诺贝尔经济学奖，近几年他一直被认为是这一奖项的热门人选。他关于市场效率的著作享誉世界，我相信这些著作直接帮助他登上了投资革命者的地位。能够和我们的听众，并且现在和你一起分享他关于市场的坦率的观点是一种幸运。他的研究和见解对所有个人投资者都具有重要的启示：将你的投资组合覆盖到小盘股和价值股，长期持有也将产生巨大的收益。

威廉·伯恩斯坦，资产组合与被动投资

威廉·伯恩斯坦博士非常聪明，他依靠自己的努力成为了被动投资的忠实支持者。伯恩斯坦成为金融理论家的道路很不平凡。他取得了化学博士和医学博士的学位，医学博士主修的是神经学，并在这一领域工作到退休。在他的第一本书《有效资产管理》（*The Intelligent Asset Allocator*）中，他明确指出大多数投资收益是由投

资组合中的资产分配决定的，而非由资产选择来决定。他的第二本书《投资的四大支柱》（*The Four Pillars of Investing: Lessons for Building a Winning Portfolio*）[①] 是针对那些对统计数据还不太适应的人而著。他同时以长期的历史眼光看待资产类别的回报。两本巨著都很快成为了投资领域的经典之作，而且他对于投资深刻而坦诚的观点在我形成自己的资产管理理念的过程中产生了重要影响。

在他最近的一本书《茶叶石油 WTO：贸易改变世界》（*A Splendid Exchange: How Trade Shaped the World*）中，伯恩斯坦掉转目光，对人类历史上有记载的贸易做了全面分析。

伯恩斯坦博士于 2008 年 8 月来到我们的节目中。我提出的第一个问题是一个困扰我多时的新概念，即平均值（或平均数）与中值之间存在的不同之处。我知道这不是一个新的或革命性的想法，但是我非常想知道贸易在过去 50 年中是如何影响人们的平均收入，以及处于中值位置的人的收入的。下面是他的回答：

> “嗯，首先，我们必须向听众说明这些术语的具体含义。平均值很简单，就是平均数，而中值是指正好处于第 50 个百分位上的人。我们可以通过‘比尔·盖茨进入或离开房间后所产生的影响’这一经典例子来理解两者之间的区别：他每次进入房间时将多给房间几千亿美元，而离开时又会将其带走，所以他对房间内人们的平均收入影响非常大。但是如果房间内有 100 或者 200 个人，他对处于中值位置的人的收入将没有明显影响。他可能只会让中值产生微小变化——处于第 50 个百分位的人的年收入可能是 50 000 或 60 000 美元，但是比尔·盖茨进入或离开房间时的

① 本书中文简体字版已由湛庐文化策划，中国人民大学出版社出版。——编者注

影响并不大。所以平均值和中值在概念上有很大区别。”

“(美国人的）平均收入非常高，因为有一小部分人的收入非常高，所以把人们的平均收入提升了很大幅度。但是处于中值的人，即处于第50个百分位的普通人的收入在过去一代人中并没有明显增长。事实上，如果你分析男性工人的收入并考虑通货膨胀的因素，你会发现中值位置的人的收入其实在下降。”

当我思考他的答案时，虽然这是在讨论如何看待收入数据的差异，我还是在思考如何将其应用到投资领域中。我们经常讨论一只基金或是一笔投资的平均收益，但是根据伯恩斯坦博士的观点，平均收益（均值）和中值经常是两个不同的概念。这就是为什么在看待一个投资策略的表现时，要同时比较其他策略的表现的原因。

你可能对8%的平均收益非常满意，但是如果这个8%的收益在所有同类资产中处于最差的1/4的位置，那你可能就属于我称为犯有“傻傻的幸福”或是“无知即为福”的投资综合征的那类人。你可以而且应该做得更好，但是你不知道，因为你对平均收益非常满意，不知道中值（和以上）的情况。比尔·盖茨已经离开了房间，但是你仍处于平均水平之下的行列。

虽然伯恩斯坦博士的批判研究非常出名，但是我们的采访仍旧就自由贸易中的基本问题展开。

“如果一个国家的某种物品比较丰富，这种物品在贸易中就会占很大的优势。如果某种物品比较缺乏，其在自由贸易中的表现就会比较差。所以，比如你审视一下美国的情况，会发现我们相对于其他国家的资本比较充足，所以我们的资本家在对外贸易中表现的就非常好。我们的土地相对比较丰富，美国有（世界上）质量最好的土地，所以拥有土地的人，即农场主在对外贸易中就可能表现的比较好。”

“与世界其他国家相比，我们的人力资源比较匮乏，世界上其他国家的人力资源比美国相对丰富，所以在自由贸易中美国的劳动者就不能占有很大的优势。你可以对这一问题进行深入分析，看看熟练工人的情况。相对于其他国家，我们的熟练工人数量比较多，所以熟练工人就能占据优势。而在工厂的底层工作、拿最低工资的非熟练工人，在自由贸易中则处于劣势。”

“如果你看看民意测验数据，你会发现一个人的年收入如果能够超过10万美元，那么他肯定赞成自由贸易政策，因为他处于美国具有相对优势的群体中。而如果他仅仅是受过高中教育的蓝领工人，他肯定不太赞成自由贸易政策，因为他没有从中获得特别多的利益。”

“有一个可以肯定的问题是，国家作为一个整体能够从自由贸易中获益。如果取平均数的话，几乎所有国家都会获益，很难找出一个没有获益的国家。但是可以肯定的是，少数国家在自由贸易中的表现不是非常好。现在，（我可以给你展示）所有在自由贸易中表现不好的国家的例子，但是请记住，我们（美国）几乎在所有领域都处于世界领先的地位，比如农业、医疗设备、制药、飞机制造、军事装备等，都比世界其他国家具有相对优势。所以，如果你阻止自由贸易政策，你就是在破坏最高产、最有利可图的行业。所以，我不想给人们留下印象，认为我是一个贸易保护主义者。”

接下来，我向伯恩斯坦提问有关不发达国家的情况。当然，这一话题涉及将部分资产投资于新兴市场的重要性的问题。长期来看，

自由贸易能给这些国家带来利益吗？

“哦，没问题，肯定会带来利益。大约10年前，杰弗里·萨克斯（Jeffrey Sachs）和安德鲁·华纳（Andrew Warner）做了一个研究并在布鲁金斯学会（Brookings Institution）的庇护下进行了发表。他们分析了所有的国家，尤其侧重发展中国家的情况。毫无疑问的是，选择对外开放并进行自由贸易的国家获得了繁荣，而保持封闭的国家却发展缓慢。在独立之后的40年中，印度一直保持封闭，在贸易方面孤立于世界之外，结果一直处于贫困中。然后大概在20世纪80年代的晚期，印度决定进行对外开放，其成果有目共睹。”

最后，我们提出有关和我们的朋友、邻居及敌人做贸易时的利益问题，他给出的答案既让人吃惊又非常有吸引力：

“贸易在经济上的利益实实在在，但是它的真正价值却是无形的。一个反例或是负面的例子就是斯穆特－霍利（Smoot-Hawley）关税法案。斯穆特－霍利关税法案于1930年被通过，虽然它现在被称为这个名字，但事实上它却是胡佛法案，因为这是胡佛于1928年推行的，斯穆特和霍利只是促成了这一法案的立法者。这一法案让全世界陷入商业贸易的危机之中。这项法案并没有真正让大萧条更加恶化，但它却事实上导致了第二次世界大战，因为德国无力偿还凡尔赛条约规定的、其在第一次世界大战后所欠下的款项。没有斯穆特－霍利法案，希特勒无法成为总理，也就不会出现第二次世界大战。美国国会1945年审视着第二次世界大战的破败景象，意识到绝不能让这种情况重演，这才出现了GATT——关税及贸易总协定（General Agreement on Tariffs and Trade）。”

威廉·伯恩斯坦的研究和以上的交流，对于个人投资者来说是一笔宝贵的财富。他不仅提供了关于被动投资理论的宝贵且令人信服的观点，而且就投资之外的重要金融问题，比如贸易和世界的生存标准等给出了独到的见解和有趣的说明。

埃德蒙·菲尔普斯，创新精神与经济活力

埃德蒙·菲尔普斯是哥伦比亚大学麦维克（McVickar）政治经济学教授，哥伦比亚大学资本主义与社会中心（Columbia's Center on Capitalism and Society）主任，2006 年诺贝尔经济学奖得主。他的研究涵盖了经济发展的所有领域，包括储蓄的黄金法则（Golden Rule of Saving）。

菲尔普斯说过："经济的成功是和一个国家的企业家精神相联系的。"自由市场最终的成功来源于企业形式。创新和创造力得到比较多的认可和鼓励的地方，经济就会繁荣；而这种倾向被压制的地方，经济就很容易陷入停滞。

比如看看欧洲和美国的情况。他在"投资革命"节目中称欧洲的历史就是资本主义的历史。

"嗯，首先让我们回到人们热烈讨论美好生活的时代，美好生活包括个人的努力、学习和理解所有事情等。这不仅是在古希腊，在意大利也有很大的影响力，意大利的农民学习如何种植农作物等，他们受到推崇，被认为是重要的人……在英国，人们拥有财产权和政府财产；在 18 世纪的法国，商业领袖受到很大的尊敬；而在 19 世纪末的德国，出现了很多金融机构。所以，我认为资本

主义的历史基本上就是欧洲的历史。从各个方面看，竞争和自由市场都没有受到过分鼓励，但是资本主义依然开始繁荣。”

“世界快速发展到今天，美国经济逐步超越了欧洲。德国、法国和意大利都出现了较高的失业率，生产率和工作满意度都比美国低。有人认为，这些趋势中的每一个因素都会对其他因素产生影响。比如，低工作满意度会导致低生产率。”

然而，菲尔普斯把这些趋势与缺乏他所谓的“经济活力”（economic dynamism）联系起来，用他的话说，就是“一个国家出现创新思想的环境、确认并培育这种思想的熟练程度，以及评估并将新产品和方法推向市场方面的准备。”换句话说，就是创业精神。

一个不能鼓励、培养并支持创新的国家在经济上必然会遭受损失。出现新思想的地方就会创造出其所涉及和满足的新工作。但是一个国家是否鼓励或阻止创业精神呢？比如制度就会因为过度的法规和税收而阻止创新。然而，国家的价值观或态度决定特殊的利益。菲尔普斯说，文化的转变在顺序上总是先于更好的经济表现。

“我想有一种理解认为欧洲必须有更多的竞争，否则这种体系中不会出现创新，更不会形成新观念。我想这不仅是涉及习惯和司法人员的经济制度问题，同样也是态度问题。在其工作场所中，有很多不太利于形成创新思想的企业精神的态度。”

大概西欧国家也注意到了这些情况。有趣的是，一些欧洲政治和经济趋势正朝着企业家的自由市场体系方向发展，从而远离大公司形式。

对于美国的工人和投资者，这一趋势为美国培育创业精神带来了新的升值机会。资本主义的车轮在美国依然快速前进，经常为工人提供新机会，保持自由市场体系动力十足。

对于投资者来说，它正在“全速前进”。由于拥有一个可以实现创新思想的市场，投资者可以收获美国公司的回报。随着初步形成的自由经济逐步变成创业形式的资本主义，市场肯定会出现更多的机会，也会出现更多的国际化大公司。

自由资本市场现在处于健康活跃之中。世界经济肯定会出现自然的兴衰起伏。但你可以放心，只要资本主义和对创新思想的回报正常运行，自由市场必然会生存并繁荣下去。这意味着你将有充足的机会进行投资，并得到所期望的回报。

爱德华·普雷斯科特，税率与经济增长

工作是为了生存或者生存是为了工作？美国人似乎每天都在问这样的问题，并且一直在寻找“工作和生活之间的平衡”这个伟大的答案。和这一奋斗形成对比的是，到每年的 10 月 24 日，美国人的工作时间几乎相当于欧洲人全年的工作时间，这也就是为什么欧洲的人均国内生产总值（GDP）仅仅比美国最穷的 4 个州多的原因。美国人每周平均工作时间为 25 小时，而法国人为 18 小时，意大利人则只有 16.5 小时多一点。即使最勤奋的欧洲人——英国人每周的平均工作时间只有 21.5 小时，比他们的美国兄弟要少得多。

与欧洲人相比，美国人不仅愿意工作，愿意做更长时间的工作，而且他们倾向于休更少（更短）的假期。美国人年均休假时间为 6

周，而法国人则达到将近12周。世界休假冠军的称号应该给瑞典人，他们每年的假期能达到16周。当然，欧洲人为他们过度的休闲付出了代价。虽然法国每小时的生产率略高于美国，但其工人的平均生产率仅相当于美国人的3/4。

那么美国人是天生喜欢工作较长时间吗？如果是，他们工作较长时间是因为文化差异吗？诺贝尔奖得主爱德华·C·普雷斯科特就这一话题发表过多篇文章，而且近几年世界上许多国家的决策者和领导人就他的发现和世界经济做过很多讨论。他的前提是我们现行的低所得税率鼓励人们工作更长的时间，这样我们能够保留更多的财产以便消费。我们有意识地选择消费而非休闲。

普雷斯科特2007年来到"投资革命"节目中就这一话题进行讨论。下面是一个惊人的事实：根据经济合作与发展组织（OECD）所做的劳动力市场统计，美国15~64岁的工人平均比法国人多工作50%。美国人与德国人或意大利人的对比结果与之相似。到底怎么了？什么有可能导致工作时间产生如此大的差别呢？

研究结果表明，答案不在于文化差异或是失业津贴等制度因素，"边际税率事实上是此种差异的根本原因"。他接着说道："关于边际税率，我以前已经做过论述，此处有必要再说明一下，因为它反映了决策者心中对经济的一种基本理解：人们对激励的反应。经济政策不是为国家制定的，而是为人民制定的。恰恰是人民对激励政策的反应聚集起来以后，才能给出我们乐于见到的经济数据。"

事实上，表1—1中显示的美国现行边际所得税率比20世纪70

年代更鼓励家庭双收入，那时如果家庭的配偶也参加工作的话，平均税率就会翻倍。既然更多的人都出去工作了，那么肯定就需要有人去做自己平时没有时间做的事情——比如提供儿童保育、准备三餐、打扫房间或跑腿儿等。普雷斯科特接着说道：

"基本底线是：对美国和欧洲的历史数据进行彻底分析可以发现，在同样的激励政策下，人们对工作和休闲会做出同样的选择。如果放松欧洲人的税收束缚，他们的国内生产总值也会上升。对于生活和工作在美国的美洲人和欧洲人来说情况一样。"

表 1—1　各国最高边际所得税率

丹麦	59%
荷兰	52%
比利时	50%
法国	48%
意大利	43%
美国	35%

亚瑟·戈弗雷（Arthur Godfrey）曾经说过："在美国，我为缴税感到骄傲；唯一的问题是，我只能为得到一半的钱感到骄傲。"没人喜欢缴税。但是我们应该庆幸能够生活在一个推崇创业精神和努力工作，并培育了相对充分的工作机会的自由市场经济体中。在工业化社会中，我们的边际所得税率是最低的。希望以后我们的政府也能够理解低税率和强大的经济之间这种积极的财政关系，并保持低税率！

迪内希·德·索萨，顺境中的美德

2008 年 9 月和 2009 年初，我两次邀请迪内希·德·索萨（Dinesh D'Souza）来到我们的节目中。德·索萨具有高尚的人格和迷人的魅力，对所有问题都充满热情。他被《投资者商业日报》（*Investor's Business Daily*）称为美国高层最年轻的决策者之一，被《纽约时报杂志》（*New York Times Magazine*）称为美国最有影响力的传统思想家之一，在里根总统时期曾做过白宫政策分析专家。德·索萨长期供职于美国企业研究所（American Enterprise Institute）和胡佛研究所（Hoover Institution）。他出版于 2007 年的著作《内部敌人》（*The Enemy at Home*）在左翼和右翼人士之间都引起了激烈争论。即便如此，它还是登上了国内畅销书行列。我决定和他一起回溯到几年前，他在 2000 年出版的另一本畅销书《顺境中的美德》（*The Virtue of Prosperity*），因为我从这本书中获益良多，而且我认为这是大一学生必读的一本书。谈话一开始，我的问题就是关于他在书中所说的"里根主义创造了巨大变化"。

"公共政策领域的变化非常具有戏剧性。现在很多人都忘记了，但是 1980 年当里根被选为总统时，美国最高边际税率大约是 70%，里根总统用了 6 年的时间将其降到 28%。目前的税率升到了大概 35%，但是我想强调的是，从 70 到 28，这是一个巨大的变化。"

"我想其意义不仅仅如此。里根总统不仅支持减税和私有化等措施，而且他还推进了文化的巨大变革。你知道，我是移民来到美国的，当我在 20 世纪 70 年代晚期首次来到这个国家的时候，很多社会思潮已经由约翰·肯尼迪总统确定了。他之前曾经说过，如果你还年轻，如果你有理想，如果你喜欢，那就来参加和平队（Peace Corps）吧，成为一名公务员。所以当时的观念就是，如果你为了自己而努力，或者你是个企业家或投资人士，那你就是贪婪者的代表、自私的家伙。但是如果你为教育部工作，你就是把公共利益置于个人利益之上的高尚的人。”

“里根对这一切提出了挑战。他说，能体现美国梦的是企业家而非公务员，顺便说一下，这些人同时可能被称为官僚人员。所以里根总统开始推行文化变革。我想我们都看到了这些改变。我们看到当前的美国文化已经有了很大变化，所以现在很多父母都希望自己的孩子能够成为比尔·盖茨，而非比尔·克林顿。这已经超出了政治的范畴。所以当我们回望里根主义的时候，很多人都只关注冷战等等，但是我想里根总统同时还为美国开创了经济和文化的巨大转变。”

我们采访的时期正处于2008年总统竞选火热进行之时。你可能会回忆起关于参议员约翰·麦凯恩（John McCain）和他所拥有的房屋的问题。我当时在早餐厅捶着桌子，祈求麦凯恩告诉记者他希望每个人都有住房——繁荣本身没有任何错误，这就是美国梦所要实现的。我告诉德·索萨现在似乎再次出现了一种观点，认为繁荣中没有任何美德可言。我向他询问我是否理解错了。

“没有。事实上，我想谈论这个问题的一个原因就是，我看到在20世纪很多人都在庆祝资本主义的胜利。虽然它在经济争论中胜利了，但是却无法赢得道德的争论。一直有这样一种声音，人们都说，我们承认资本主义创造了高效率等等，但是我们不在乎这些。它削弱了家庭、社会、道德和公平，而且它破坏了环境。所以，现在的基本观点是资本主义可能会带来高效率，但是它却不是一个真正正派的体系。政治恰好利用了这一点，利用了人们对富人、成功人士和企业家的偏见。根本的观念就是他们的成功肯定以牺牲他人为代价，或是隐瞒了自己的成功之路。但是我想，企业家之路最终会通过某些方法避免这样的情况。”

德·索萨在他的书中描述了两类人：赞成党和反对党。我请他告诉我们两方的区别。

“我们经常从意识形态的层面考虑政治辩论，保守主义与自由主义，民主党与共和党，甚至自由市场观点与社会主义观点等。但是我想在这背后，你会发现经常会存在气质性的差异，当你和朋友讨论经济中出现的新事物时，你也会发现这种差异。”

“比如，‘我们生活在一个全球化的市场中’，或者‘科技正改变着我们眼前的一切日常生活’，或者‘我们很快就能在胳膊中植入一个芯片，这样我们失踪时就很容易被找到’等等。有一种人，当你谈论这些新事物时他们就会非常兴奋，我把他们称为‘赞成党’，因为你经常能够听到他们用拳头捶着桌子喊道‘是的，这太伟大了！将来肯定会比过去更美好。我们有理由保持乐观，一切都在快速发展。’”

“同时还有一种人，当你谈起任何一种新发展，克隆或是技术变革时，他们会马上注意到负面情况。他们会说，‘不，一定不会这样。不，你在做梦。’或者‘你忽略了这所要付出的代价，这会让我们的生活变得非常糟糕，我们以后将没有任何隐私。’所以你会发现有这么两类人，一种会为未来，为资本主义，为全球化甚至为技术欢呼；另一种人非常悲观，认为这会侵蚀我们的群体意识，或者加剧社会不平等，或者摧毁美国的中产阶级等等。”

听完他的答案，我告诉他我认为“乐观主义的人可能经常都是对的”，并请他给予评论。

"嗯，我想在经济领域里肯定是这样的。我经常听到人们说，'富有的人会变得更富有，而穷困的人会变得更穷困。'但是当我真正审视美国过去一代人，比如从第二次世界大战或者从 1980 年开始的生活标准时，我却发现富有的人的确变得更富有，但是穷困的人也变得富有了，虽然两者的速度有所不同。所以，是的，不平等确实加剧了，但是它的加剧却是因为更多的人从中产阶级向上发展了。所以从经济上来说，乐观派的人经常是对的。"

"更深层次的批评（这需要更多的观察）认为，许多调查都支持这样一种普遍的感觉，那就是在过去的半个世纪中，你可能会说我们的投资组合规模和生活标准都上升了，但是感觉其价值却下降了。严格地说，这不是一个经济问题，但是我想深入的市场批评家有时候会说，'是的，这确实让我们感觉更富裕了，但它真的让人类发展得更好了吗？'"

他关于"让人类更美好"的评论让我为之一振。圣经文学和历史上的其他通俗著作，一直在努力解决两种经济状态中的问题和困惑——经济繁荣和经济匮乏。两种经济状态都有挑战，但是各不相同。可能像你们中的很多人一样，我的一生中已经经历过这两种状态。我想对价值的话题有更深入的理解，所以我问德·索萨我们美国人是否被过分溺爱了而经常抱怨我们过得还不够好。

"我记得曾经有人问沃伦·巴菲特：'你觉得你的成功应该归功于运气还是个人努力？'巴菲特首先说：'归功于运气。'每个人都对这一答案感到吃惊，但是巴菲特的意思并不是说他不够细心或没有思想，他的意思是'我非常幸运能够出生在美国，所以我才能成为沃伦·巴菲特；如果我出生在阿富汗，我可能就没有机会做我现在所做的事情。’所以，在某种意义上，我们经常会忘记，不仅是市场，而且是美国使得我们有机会让现在的生活如此美好。”

如果你在生活中曾经接触过宗教，你肯定很熟悉这样的说法“金钱是罪恶之源”。但是德·索萨却说，他认为“金钱是一切美好事物之源”。我很奇怪他如何向听众解释他这种说法。

“嗯，首先，我想圣经所谴责的并不是金钱，而是圣经所述的‘对金钱的热爱’。尽管这一论述的语境还很清楚，但是这里的基本含义是，金钱是一种途径而非结果。人们经常谴责资本主义的自私，自私确实应该遭受谴责。但是问题的关键在于，自私并不是随着资本主义而来的，自私是人的本性。资本主义所做的是为自私提供了途径，它可以使你生活得更好，而且它同时让社会发展得更好。”

“在《顺境中的美德》一书中我曾说过，就像婚姻让性欲变得文明一样，资本主义让贪婪变得文明。我的意思是说，你也可以认为性欲是人类生活的一部分。现在，如果有人说‘好吧，让我们戒除性欲，将其永远从我们的生活中清除出去。’人们肯定认为他是个疯子，因为这不现实。我们应该如何做呢？我们顺应人类的本性，设计出社会制度，努力宣称我们需要引导这种冲动，否则它可能以破坏性的方式发生。我们应该引导它，使其能够产生相互间的爱恋，哺育下一代并带来社会的改善。同时，我想对于市场也是一样。这是一种引导个人利益并使其为个人和社会产生效益的途径。它同时让企业家花更多时间去思考如何满足其他人的需求。这绝不是坏事。”

THE INVESTING REVOLUTIONARIES 小结

资本主义确实有缺点，但它也是一项了不起的经济发明。如果给予充足条件，市场就能稳定运行。作为这个伟大的自由市场国度中的人民，我们应该为在商业和金融方面做决定时能够自由选择而起立欢呼，这样，我们就保护了其他方面的自由。这些自由市场的拥护者已经为你搭好了舞台——在很多方面还付出了代价，让你能够从他们的资本市场理念中盈利。通过他们的智慧，毫无疑问，你可以在你的金融生活中收获丰硕成果。

第2章 赢的总是庄家：华尔街不会告诉你的事

THE INVESTING REVOLUTIONARIES

How the World's Greatest Investors Take on Wall Street and Win in Any Market

索尔·贝娄
美国作家，诺贝尔文学奖获得者

当深深渴望幻觉时，大量的智慧便会被投入到无知中。

“半个真相就像半块砖头一样可以远远扔开。”这是我年轻时听到的一个说法，它时时触动着我的内心。我想你会同意，人生中最令人沮丧的事情之一，就是在不得不做出决定之前，我们永远不知道一件事情的所有真相。我们经常因为仅仅知道一个故事的一部分事实而被愚弄。

本章中，我将讨论投资生活中的另外一些故事——华尔街不会跟你分享的那一部分。你会看到投资者在不经意间付出的巨大代价。你同时可以通过我们所做的小小的“无声”（D. U. M. B.）试验，明白共同基金是如何设计并销售的。我还将揭示金融服务领域中如此泛滥，但同时又不为大多数投资者所知的利益冲突。我的目的就是希望一旦你明白了故事的其他部分，就能够通过这些信息来摆脱那些努力掌控你的金融生活体系。

华尔街的投资游戏

西班牙 17 世纪著名诗人华金·塞坦蒂（Joaquin Setanti）有一句

名言:“对那种力求采取一项自己不担任何风险的行动的人，要警惕。”华尔街知道有风险，所以它希望你能将风险全部承担。

赌博已经成为一项重要的娱乐活动，很多州都在电视的黄金时段安排彩票或者扑克锦标赛节目，在线赌博也已经成为一个具有十亿美元规模的产业。人们曾经认为不可想象的事现在已经变得很正常了。对于很多人来说，赌博产业现在已经完全可以和金融服务业相比较。虽然我自己不参与赌博，但是我在“投资革命”节目中经常做这样的对比。

下面来仔细介绍两者之间的关系。从华尔街方面来看，你——投资者，就是赌徒。由于你想赚钱，所以你把钱投入到它的系统中（股市）并期望得到巨大回报。你知道这一系统不会总是按照你的利益来运行，但同时又相信如果有足够的信心和尝试，就有可能登上收入的顶峰。这种认识会降低你的预期，这样华尔街就能在你失败后推脱得干干净净（毕竟很多到赌场的人并不是真的希望能赢大钱），但同时它又吸引你希望和期待赢得头奖的预期——你贪婪的一面。

如果希望赚钱，就必须在游戏上付出大量的时间、精力和金钱。但是，即使你付出了很多努力，真实收益通常也会低于你的预期（人们所经历的投资表现通常也低于不做任何努力时，市场所能产生的投资回报。稍后对这一点将有详细论述）。然而，大赚一笔的想法最终压倒了对于巨大损失的担心，你选择了掷骰子。

在赌场中，庄家制定所有规则并掌管着幕后的一切活动。赌场有大量的人力和行销预算来大肆宣传赚大钱后光彩夺目的景象。他们会邀请人们来参与，心里却很清楚别人能否赢钱全掌握在自己手中。有些参与的人可能偶尔赢得头奖，但是长期下来获益居首的还是庄家。赌场同样拥有广泛且高昂的监视体系促使参与者都按照规则行事，并保证系统正常运转。另外，赌场还有一招非常出名，就是提供优惠活动，比如提供低价膳食和宾馆房间等来吸引顾客长时间待在赌场中。

与此相同的是，华尔街也有同样的体系使得投资者都参与到系统中，保证它能够大量敛财。它同样会散布消息，表示投资者有可能会赚大钱。它会宣传一些信息使得投资者产生兴趣并保持赚钱的希望，但同时依据一些不与客户分享的信息来进行公司账户[①]交易（这些公司使用了一个有趣的名字，是吧）。按照赌场提供宾馆房间的方法，华尔街职员（经纪人和投资顾问）也会向你提供宣讲会免费晚餐，并向"有优先权"的客户提供打折交易平台。

华尔街同样会使用几十年来所积累的大规模资金来保护自己的体系。规模庞大的游说大军会对政治竞争的双方都给予资金支持。华尔街很清楚自己集团中的很多人最终都会走上政府高位并保护自己的利益，它同样清楚当前政府部门中的人有很多会在自己的政治生涯结束后来华尔街寻求职位。这就不难明白为什么很多政治家和金融巨鳄是如此趣味相投了。

赌场周围全是有色玻璃，因为他们不希望参与者分神，他们不希望你能看到外面。和华尔街一样，他们希望你能沉迷于他们所设立的碰运气的游戏和附带的一些花哨的活动。同样的，华尔街也不

① 此处的公司账户与庄家为同一词。——译者注

关心你将赌注压在多少数字（股票）上，事实上，他们希望你能加油，压得越多越好。不管你是否赚钱，他们都能得到报酬。如果你碰巧赚了——这更好了，他们有了更好的宣传素材，吸引更多的人来投资。还有一点——华尔街比赌场更独到的一点是，它甚至不用付钱给赢家。华尔街的公司只是整个赌博过程（交易）的推动者。

不管是谁设立了规则并促使其运转，他最终都是最大的赢家。发起人总是赚最多的钱，难道不是吗？体育界和娱乐圈也有同样的情况。现今的专业运动员、电影明星和音乐家都赚了很多钱，这一点毋庸置疑。但是和团队负责人、电影制片人和演出组织者所挣的钱相比，他们挣到的又会黯然失色，只是我们通常不会想到这些人所挣的钱。而且在这些圈子中，运动员和演员能够“做大”的机会又有多少呢？怀有梦想的人来了又去，但是能持续挣钱的却是背后的组织者。

能够让人感到安慰的是，作为个人投资者，成功的机会并不在于参与到庄家设定的游戏中并将其打败，而在于自己做庄家。你可以把所有的情况掌握在自己的手中。这些又如何实现呢？事实上，你不用受限于华尔街所设下的赌场，如坐到老虎机或是 21 点赌桌旁，甚至根本不用参与到这些投机活动中。

如果你成为了庄家，成功的机会就会出现翻天覆地的变化。由于本身的高效性，资本主义在 80% 的时间内都处于上升和扩张中，这给所有人提供了拥有市场的机会。就像“拥有了庄家一样”，这种体系经常会让你慢慢取得成功。

个人如何“拥有庄家呢”？这可以通过拥有整个市场的力量来实现，其中最好的方法就是按照被动资产类别策略来构建自己的投资组合。要想拥有整个市场，可以使资产组合覆盖所有资产类别中的上万只股票（10 000~13 000 只），包括国际和新兴市场中的小盘股和微盘股等普通投资者所不常涉及的股票。这避免了挑选成功股票的麻烦，而是涵盖了所有成功的股票。当然，这同时也会涵盖一些失败的股票，但是对于社会上所有的公司，你到底看重哪些呢？到底是看重那些股价会变得一文不值的，还是那些在自由经济中取得巨大繁荣、获得高额利润的呢？哪种情况出现得更多呢？我相信历史和自由市场的发展已经清楚地说明了这个问题。

虽然经常会有人试图打破这个体系，但是具有讽刺意义的是，正是华尔街中那些挑选股票和预测市场的人（投机的人）在保持这个体系高效运转。如果投资者想通过拥有市场而取得成功，游戏中就必须还有一些失败者。所有的赌场都会有人每天将钱扔到各种各样的赌博活动中，最终两手空空而归，但第二天他们还会再回来。这些人都清楚，绝大多数的赌徒赢的都没有输的多。但是如果你拥有了市场，就会是另一种情况。每天，数以百万的投资者都会涌到你的“赌场中”，在自由市场的驱动下，你就能够一直保持成功。

投资不应该是赌博，只有你盲目按照华尔街所设立的规则投资却妄图赚钱的时候，才真成了赌博。华尔街会利用它的经验和你的金钱，最终又把其变成了它的新经验和它的金钱。但是如果你掌握了整个情况，整体体系就会按照你的利益运转——就像它当初被设定的那样！是的，赢的仍然是庄家，但这时的庄家已经是你了。

华尔街的利益冲突

我在节目中经常谈到华尔街的目的和动机，它所散布的市场信息必然会包含一些夸张的宣传，其目的就是制造担忧气氛，激发投资者的贪欲，借以实现自己的成功。这对于已经被华尔街的“专家”误导，或至少听信了其偏颇观点的粗心听众来说确实非常不幸。为了让你能够免受误导，下面将指出一些你可能还不是很清楚或者是最近没有意识到的利益冲突。

孵化器基金

孵化器基金策略的基本运行模式是：基金公司设立几只基金，每一只所采取的管理策略都稍有不同。公司可能重点采取市场预测技术、数据挖掘技术或是受宠经理的金手指等。随着所有投资策略的发展，其中一两只可能会出现特别的表现，实现诱人的年度回报。这些胜出的基金就可以被推向市场，以其优秀的表现吸引投资人，资金也会滚滚而入。

当从投资者手中吸引了大量资金之后，基金公司就希望放弃高风险股票，代之以低风险的投资选择。基金经理很清楚，他们在选股的时候所碰上的好运气总有过去的时候。通过冒险把其他人的资金投入到风险更高的股票中，他们实现了盈利，并且在基金成立的早期表现出了高于一般标准的收益能力。一旦这些高收益成为现实，他们就可以拿着这些利益大打广告，并且将投资策略转向更安全的股票。但是由于高昂的广告费和频繁的交易，这些孵化器基金的内部成本也比较高。他们这么做的目的是发现潜在的成功者，并吸引新的资金。这些实验的结果通常是投资者遭受了巨大的损失。

主动型基金经理都知道被动投资策略的作用，所以他们在实现了早期碰巧得来的利润后通常转向被动投资组合以使其保值。这种逐渐创造封闭型指数基金从而为良好表现保持理由的策略听起来有些可疑，事实上也确实存在很多问题。但是按照主动型基金经理的说法，数字能够提供充分的理由。如果一只基金的最初表现高于我们的衡量标准——比如12个月的盈利情况，然后再把其投向能反映衡量标准的所有股票中，它就将永远拥有高于标准收益的历史头衔（且不谈其费用）。数学计算上肯定如此。他们太精明了，不是吗？

孵化器基金也是基金经理用来满足公众追逐回报的心理的另一个方法。为什么呢？因为这样基金公司就可以从基金持有人手中挣到更多的钱。对短期结果的关注很少出现在基金简介中，这些简介会极力赞扬“长期投资”和“分散投资”的策略，但事实上他们却频繁交易，为公司的基金寻找合适的股票组合，以实现早期的收益。很多研究已经证实，基金较高的成交量会产生较高的交易成本，所以经常会导致低于平均水平的回报。择时策略也由于试图预测市场的涨跌而陷入同样的问题。

更糟糕的是，美国股市基金经理中只有不到一半（43%）的经理会投资于自己所管理的基金。这确实很讽刺，但是也从另一个方面证实了华尔街的利益和个人投资者利益之间的错位。

生存偏差

生存偏差是主动管理领域中另一个容易让人疑惑的问题。这种情况出现在共同基金不能实现较好表现而被关闭的时候。

根据《华尔街日报》2004年3月的一份报告，之前3年共同基金关闭和（或）合并的比例高的惊人。该报告指出，2001—2003 年间，4 117 只基金被合并入其他基金或被关闭，这清除了超过 4 000 个业绩记录，其中大多数都低于市场平均收益。当这些业绩记录被清除之后，各个基金公司剩余基金的平均回报就会上涨——导致平均收益的偏移和生存偏差。可能你会认为是由于这一段时间中股市出现的困境（尤其是 2001—2002 年间，标准普尔 500 指数一共下跌了 34%）导致某些基金公司出现了经营困难。但事实却不是这样。难以置信的是，同样是在 2001—2003 年期间，有另外 6 161 只新基金得以发行。

我按照之后几年的新数据重新研究了这一问题，结果发现共同基金公司的伎俩并没有改变。在 2005—2007 年的三年间，共有 6 902 只基金得以设立。很明显，股市中的这段牛市（标准普尔 500 指数在这段时间中上涨了 26.2%）刺激了更多的基金孵化行为，更大地激发了投资者的贪欲。2008 年金融危机尘埃落定之后，如果我再次研究 2009 年和 2010 年间基金的并购、关停和新基金的出现，我相信肯定会发现同样的现象。这种持续上演的共同基金骗局让人们更难看到其准确表现的信息。所以，一定要警惕基金的消亡所产生的生存偏差。

经纪公司分级系统

对于股票挑选者来说，“买入”、“卖出”和“持有”是三个具有深刻含义的词汇（我希望当你读完本书时，它们对你已经没有什么意义）。2008 年 5 月的一份报告显示，作为行业巨头之一的美林公司（Merrill Lynch）正在设立内部规定，要求公司提供的所有股票建议中，被评为“买入”的股票不能超过 70%，被评为“中性”

的股票不能超过 30%。该规定的目的是试图降低乐观推荐，使得公司比竞争对手看起来更倾向于看空——或更客观。

研究机构和投资银行之间存在一种固有的利益冲突。也就是说，经纪公司会推荐他们正在推销或是“推向公众”的那些股票。当人们对这些股票都选择买入而非卖出的时候，其承销商就能够挣更多的钱，而这反过来又能推高股价，让承销商获得更大的利益。所以他们也更倾向于将股票建议定为“买入”。研究表明，股票分析师都有远远脱离实际的看涨倾向。

这种对每一类股票都极力推荐的思想很滑稽。我原以为这些聪明的股票挑选人会根据每只股票的特点进行推荐，为你的投资组合做出合理的建议。他们怎么可能会有满足的时候呢？会有人在做股票挑选建议时给出限额吗？这只是华尔街和你的利益出现冲突时另一个荒谬的例子而已。

金融研究

一个这样的标题“公司向共同基金信使施压”（Firms Pressure Mutual Fund Messenger）吸引了我的注意力。这清楚表明了那些会对投资大众造成伤害的利益冲突。可以相信，当我们了解了整个事件之后会发现，数据供应商金融研究公司（Financial Research Corporation，FRC）正面临着巨大的压力。该公司是向共同基金公司提供流入和流出情况的金融领域信息商。《华尔街日报》的这篇文章指出，该公司将停止向公众提供基金的净卖出信息。这篇文章警告说：“这一决定关闭了那些企图了解基金卖出情况的新闻媒体，以及其他基金服务者了解信息的大门。”

为什么会出现这样的决定呢？谁会因为公布这一信息而受到伤害呢？受伤的很可能是富达投资集团（Fidelity Investments）、巴克莱全球投资公司（Barclays Global Investors）和道富环球投资管理公司（State Street Global Advisors）。这三个都是在2008年年初至今公布累计净流出信息的大公司，很明显，它们不希望这些信息为公众所得知。FRC做出停止公布信息的决定是由于它的客户——一个基金公司的强烈反对而导致的。FRC同时说它希望将资源转向扩大行业评论方面的服务。FRC的首席分析师萨姆·坎贝尔（Sam Campbell）说："我们更希望成为客户的辩护人员，如果我们能够让其从负面宣传中得到一部分保护，这对于我们和客户都非常好。"也就是说，他们希望掩盖那些与共同基金公司的市场目标不相匹配的真正客观的信息。相反，公司希望深入到"行业评论"业务中（也就是为了客户的利益进行主观分析）。这还能说他们没有忘记个人投资者的利益吗？

金融服务领域中的利益冲突非常广泛。了解通常所说的"幕布"之后的情况经常会产生深刻的启发。一旦你了解了冲突的根源，你就能对自己的资金做出更全面也更好的决定。"投资革命"节目的一个目的就是跟踪金融领域中影响你和你的投资组合的冲突，并对那些我们感觉会对你的投资安全产生威胁的情况进行揭露。

多样化的美国共同基金

2004年1月，我们开始了一项为期5年的实验，这项实验后来被证明非常有趣。我带着我的小组创立并孵化了一系列假设的共同基金。

虽然所有的情况都是假设的，但是我们却努力实现投资的成功——当然只是纸上的成功。带着这一想法，我们开始了热烈的讨论，20分钟的认真研究之后，我们得出了一个足以让我们超越国内所有基金的策略。

我们没有将精力投入到基本情况分析和股票分类中，而是采用了一个单一的分类标准。我们只是简单地把美国交易所中所有的股票按照州进行了分类，把公司按照其总部所在地分到相应的基金中。因而，我们的孵化组中很自然地出现了50只基金。我们把这种新的尝试命名为多样化的美国共同基金（Diversified United States Mutual Fund Balderdash——D. U. M. B.）。

在这一假设的实验中，我们对50只原始基金进行了为期5年的分析，观察50只基金可能出现的各种表现。从表2—1中可以看出，2003年表现最好的基金是怀俄明基金（Wyoming Fund）令人难以置信的168.2%。这足以超越晨星公司（Morningstar）按照精密的择时挑选策略指导下，其2 121只主动管理基金中的任何一只。

这种非凡的、为期1年的表现本来可以让我们进行大肆宣传，可以在所有主流媒体论坛中对我们的卓越表现做大量广告推广。这一年中50只基金的平均回报率高达74.8%。收益最低的是佛蒙特基金（Vermont Fund）的22.2%，这也是唯一一只低于标准普尔500指数的基金，标准普尔500指数当年的回报率达到了非常高的26.3%（不包括分红）。你能够想象我们把这些事进行宣传之后的流入资金情况吗？

表 2—1　　2003 年 D. U. M. B. 基金表现

排名	基金名称	1 年期回报率（%）	排名	基金名称	1 年期回报率（%）
1	怀俄明基金	168.22	26	密歇根基金	64.10
2	俄克拉何马基金	156.79	27	内华达基金	61.84
3	亚利桑那基金	147.15	28	路易斯安那基金	60.93
4	科罗拉多基金	145.18	29	康涅狄格基金	60.81
5	犹他基金	140.44	30	北达科他基金	60.65
6	华盛顿基金	118.33	31	新罕布什尔基金	59.53
7	加利福尼亚基金	109.83	32	宾夕法尼亚基金	59.04
8	马萨诸塞基金	106.61	33	缅因基金	58.81
9	佐治亚基金	103.73	34	阿肯色基金	56.90
10	佛罗里达基金	103.41	35	艾奥瓦基金	55.50
11	明尼苏达基金	99.78	36	亚拉巴马基金	55.36
12	俄勒冈基金	91.87	37	田纳西基金	50.69
13	纽约基金	90.48	38	威斯康星基金	48.89
14	阿拉斯加基金	87.05	39	特拉华基金	47.92
15	北卡罗来纳基金	86.37	40	内布拉斯加基金	47.83
16	爱达荷基金	86.21	41	印第安纳基金	45.93
17	新泽西基金	84.17	42	堪萨斯基金	45.66
18	得克萨斯基金	83.27	43	西弗吉尼亚基金	45.30
19	密西西比基金	78.40	44	南卡罗来纳基金	43.92
20	夏威夷基金	77.73	45	俄亥俄基金	43.78
21	伊利诺伊基金	71.63	46	新墨西哥基金	42.91
22	马里兰基金	69.73	47	密苏里基金	41.15
23	弗吉尼亚基金	66.37	48	蒙大拿基金	30.07
24	罗得岛基金	65.99	49	南达科他基金	29.55
25	肯塔基基金	65.93	50	佛蒙特基金	22.21

但是按照贪婪的共同基金市场推广人的方法，我们也多做了一些工作。通过清除表现最差的 10 只基金，剩余基金的平均收益上升了 9.0%，达到 83.8%。随着表现最差的印第安纳（Indiana）、堪萨斯（Kansas）、西弗吉尼亚（West Virginia）、南卡罗来纳（South Carolina）、俄亥俄（Ohio）、新墨西哥（New Mexico）、密苏里

（Missouri）、蒙大拿（Montana）、南达科他（South Dakota）和佛蒙特 10 只基金被清除，平均收益实现了巨大增长。这显示了基金如何被清除或与其他基金合并，或者被称为“产生生存偏差”。现在，投资大众将永远见不到这些回报较低的基金了。

在我们取得下一个投资里程碑——3 年期回报之前，我们可以在剩下的两年中大肆宣传这些惊人的回报。由于我们第一年碰巧实现了高回报，3 年期回报数据也必定会非常好。从表 2—2 中可以看出，事实确实如此。

表 2—2　　2005 年 D. U. M. B. 基金表现

排名	基金名称	3 年平均百分比（%）	排名	基金名称	3 年平均百分比（%）
1	内华达基金	85.94	26	纽约基金	21.64
2	怀俄明基金	59.31	27	马里兰基金	21.17
3	俄克拉何马基金	39.07	28	罗得岛基金	20.54
4	特拉华基金	35.67	29	密西西比基金	20.34
5	得克萨斯基金	33.89	30	肯塔基基金	20.23
6	科罗拉多基金	32.96	31	弗吉尼亚基金	20.15
7	阿拉斯加基金	31.83	32	加利福尼亚基金	20.01
8	亚利桑那基金	29.79	33	密苏里基金	19.92
9	田纳西基金	29.33	34	宾夕法尼亚基金	19.91
10	北达科他基金	29.22	35	俄亥俄基金	19.73
11	蒙大拿基金	27.74	36	佐治亚基金	19.71
12	华盛顿基金	27.11	37	威斯康星基金	19.66
13	康涅狄格基金	24.95	38	路易斯安那基金	19.44
14	亚拉巴马基金	24.59	39	北卡罗来纳基金	18.89
15	阿肯色基金	24.54	40	堪萨斯基金	18.75
16	南达科他基金	24.52	41	缅因基金	18.66
17	新墨西哥基金	24.19	42	艾奥瓦基金	18.63
18	伊利诺伊基金	23.91	43	内布拉斯加基金	18.44
19	马萨诸塞基金	23.71	44	犹他基金	15.60
20	夏威夷基金	23.46	45	南卡罗来纳基金	15.42
21	爱达荷基金	23.02	46	印第安纳基金	14.31
22	俄勒冈基金	22.99	47	新泽西基金	14.20
23	佛罗里达基金	22.60	48	密歇根基金	12.23
24	西弗吉尼亚基金	22.28	49	新罕布什尔基金	5.08
25	明尼苏达基金	21.66	50	佛蒙特基金	3.31

在最初的 50 只基金中，收益最高的 40 只在 3 年期间年度平均回报率为 25.4%，这与最常用的标准普尔 500 指数相比回报同样非常可观。标准普尔 500 指数在这段时间的年度平均回报率为 14.4%。

虽然超出标准普尔 500 指数 11% 的表现已经非常好了，但是我们希望能超出得更多。所以我们把 40 只基金缩减到 25 只，表 2—2 中被阴影覆盖的基金同样被排除在所计算的基金回报之外。这样剩下的基金的平均回报被增加到了 30.3%。当能够超出主要指数 16% 并以此进行市场宣传的时候，为什么还要选择 11% 呢？我们可以轻松地花 250 000 美元在《华尔街日报》和《今日美国》（*USA Today*）中买下整版的版面打广告。我们的公关主管也可以很容易地在各个主流财经谈话节目中约到访谈机会。这对于我们——投资界中的天才来说，将是怎样的成功啊，而且情况只会越来越好。

我们的实验终于到了取得最终成果的时候了。1 年或 3 年的平均收益比较好是一回事，5 年的平均收益仍然非常出色将更加令人激动。5 年的时间意味着更强的稳定性，意味着这是一个在任何不同的经济周期中都行之有效的策略。

但是不出意料的是，剩下的 25 只基金的平均收益出现了逆转，缩减至仅有的 12.6%。而同期的标准普尔 500 指数年度收益却是 12.8%。

啊！一切都完了吗？未必！现在该我们的老朋友“生存偏差”出场了。经过了这么长时间的努力，选择了这么多的投资资产，我们不会让回报中的一点小问题毁掉我们付出的所有努力。现在是时候重新包装我们的 50 只基金并从中选出“美国顶级 10 大基金”

了（见表 2—3）。所以我们删除了剩下所有基金中的后 15 只，更改了基金家族的名称，修改了所有的市场宣传资料以表现我们的超级盈利能力。剩下的 10 只基金的平均年度收益达到了惊人的 18.7%，几乎比标准普尔 500 指数高了 6 个百分点。有这样的收益能力向外做宣传，我们在过去的 5 年中不仅可以募集数亿美元的资金，而且可以说：

表 2—3　　2007 年 D.U.M.B. 基金表现

排名	基金名称	5 年平均百分比（%）	排名	基金名称	5 年平均百分比（%）
1	怀俄明基金	31.05	26	伊利诺伊基金	9.96
2	北达科他基金	21.73	27	密苏里基金	9.92
3	爱达荷基金	20.79	28	田纳西基金	9.09
4	俄克拉何马基金	20.01	29	北卡罗来纳基金	9.02
5	南达科他基金	19.60	30	宾夕法尼亚基金	8.93
6	阿拉斯加基金	18.97	31	罗得岛基金	8.61
7	路易斯安那基金	18.84	32	南卡罗来纳基金	8.52
8	得克萨斯基金	16.03	33	堪萨斯基金	8.40
9	内华达基金	15.84	34	亚利桑那基金	8.23
10	特拉华基金	15.42	35	佐治亚基金	7.52
11	肯塔基基金	13.37	36	纽约基金	6.48
12	科罗拉多基金	13.23	37	夏威夷基金	6.31
13	艾奥瓦基金	13.13	38	弗吉尼亚基金	6.16
14	康涅狄格基金	12.33	39	阿肯色基金	6.13
15	华盛顿基金	11.54	40	加利福尼亚基金	5.99
16	马里兰基金	11.38	41	新墨西哥基金	5.69
17	西弗吉尼亚基金	11.16	42	印第安纳基金	5.57
18	威斯康星基金	11.12	43	犹他基金	4.66
19	俄亥俄基金	10.95	44	俄勒冈基金	4.29
20	内布拉斯加基金	10.94	45	佛罗里达基金	3.10
21	马萨诸塞基金	10.82	46	新泽西基金	2.22
22	缅因基金	10.80	47	阿拉斯加基金	2.09
23	佛蒙特基金	10.69	48	密歇根基金	1.52
24	密西西比基金	10.45	49	蒙大拿基金	1.27
25	明尼苏达基金	10.12	50	新罕布什尔基金	−2.90

“经过 5 年紧张的研究，我们已经形成了一个简单有效的策略，可以为你的投资轻松挑选 10 大基金。有年度收益接近 20% 这样的

收益能力为基础，我们相信我们的方法是所有投资策略中最好的。我们希望这些基金至少在今年余下的时间中仍然对新投资者开放，甚至一直开放到2010年底。”

最后制造一些紧张情绪能够让资金更快地流入，不仅如此，我们还可以制作出如图2—1所示的图表，生动地表现出如果一位投资者最初投下10 000美元，那么我们的美国10大顶级基金将比标准普尔500指数多收入5 303美元，或是多出29%的收益。

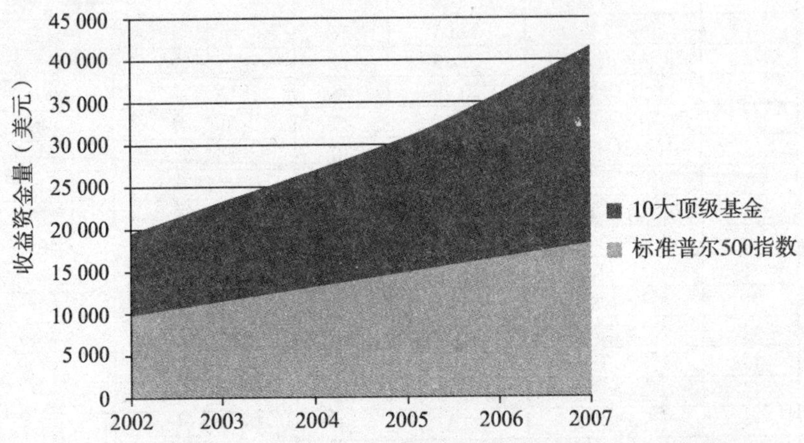

图2—1 2003—2007年美国10大顶级基金与标普500指数收益比较

如果这样描述华尔街的巨头是如何从你那儿赚钱的，确实很让人伤心。你可能会说：“嗯，他们确实很狡猾，但是就没有投资者能赚钱吗？”有，但希望很渺茫。

从50只基金中挑选一只收益能够超过前10只平均收益的概率只是6/50，或者12%。很明显，这个概率很小。所以，绝大多数的投资者很难撞上前10只基金早期的较高收益。但是华尔街的营销人员知道，一个很小的概率仍然足以让投资者全力一试。主动管理基金和交易所交易基金（以下简称 ETFs）也有着同样的情况。

另一点值得注意的是，在共同基金的孵化过程中，基金经理不会顾及“错过的那些”。比如，南达科他基金由于第一年结束时，在所有 50 只基金中排名第 49 而被清除，但是如果它能够被保持 5 年，它将以年度平均收益 19.6% 而排在第 5 位。整个过程中这样的情况不会产生任何不好的影响，因为我们最终得到了希望得到的结果——我们可以用来做宣传的高回报率，只是没有任何投资者能够真正获得这么高的回报。

随着时间的推移，如果我持续这个实验的话，其平均回报率将继续回归到平均值附近。它将和市场回报以及常用指数，如标准普尔 500 指数等越来越接近。但是在现实生活中，这个实验中的基金经理肯定早就转向其他的基金家族，以他们的明星身份和良好声誉换取更高的薪水和地位。

顺便说一下，如果你还认为基金孵化和生存偏差是偶然的情况，请看下面摘自《华尔街日报》的文章《克莱莫公司计划消减约一半的 ETFs》（*Claymore Plans to Cut Its ETFs by about Half*）：

> 克莱莫证券公司周五宣布已经将 37 只基金中的约半数关闭掉……这些基金将于 2 月 20 日被并入其他投资项目或于一周后被“清算”或解散。被关闭的 11 只基金占公司美国 ETF 资产不到 2%，其中大多数近期的规模少于 500 万美元。“没有人喜欢”马上要被关闭的品种，克莱莫公司高级执行董事、ETF 组主任克里斯蒂安·马古恩（Christian Magoon）如是说。事实上，目前这些基金中的大部分资金都是“原始资本”，或原始启动资金，而非新投资者的资金。

了解了华尔街的“幕后”情况，当你再看到类似的报道时，希望你能有些不同的看法。

如果你看到一个主动管理的基金经理短期实现了非常高的收益，那他或者是撞了大运，或者是采取了与孵化器基金相同的策略。上面的这个实验可以看出，一个如此简单随意的标准就可以轻松胜过华尔街最好的基金投资管理小组。

注意：这只是个实验，所有的情况都是假设的。D.U.M.B. 和美国 10 大顶级基金都不存在。很遗憾，我们知道渴望回报的人会感到失望。我也是这样，因为我们本可以挣到很多钱。如果把时间扩展到 2008 年，数据结果可能会有所改变，但是所有宣传手段都是一样的。请跟着“投资革命”的步调，一起来看看 2008 选举年，同样也是美国历史上最严重的低迷时期，我们如何成功实现 6 年的收益吧。

约翰·斯托塞尔，你所知道的一切都是错的

约翰·斯托塞尔是获奖的新闻主播，美国广播公司《20/20》节目的主持人。他的节目以怀疑的眼光审视一系列问题，从教育到枪支控制无所不包。通过这些节目，他赢得了第 19 届艾美奖，并被评为“我们这个时代中思想最深刻的电视台记者”。斯托塞尔来到“投资革命”节目中，讨论了他的著作《神话，谎言，蠢事——为何你所知道的一切都是错的》（*Myths, Lies, and Downright Stupidity: Get Out the Shovel—Why Everything You Know is Wrong*）。

虽然我们的采访主要关注于投资问题，但是我想他的深刻见解

对我们的听众仍然有益，因为我们所讨论的话题展示了人们对很多问题的看法会如何被世界大事所误导，尤其是当这些事件被媒体报道之后。下面就是我们在2006年的采访中，他对当代所面临的几个经济问题的看法。

关于为什么不应该限制工作外包

“外包确实会让一些工作岗位消失，但正是贸易、货物和工作的自由开放才为美国创造了数以百万的工作岗位。在过去的10年中，我们失去了3.9亿个工作岗位，其中有一些确实是由外包导致的。但同时，我们新创造了4.1亿个工作岗位，比消失的还多了2 000万个，正是外包让这部分增加的工作岗位成为可能。达特茅斯（Dartmouth）的一份研究发现外包最多的公司正是雇用美国人最多的公司。他们从印度工程师那里节省的钱又被投资于美国人更擅长的领域。人们会说：‘啊，所有剩下的工作都是翻汉堡这样的服务性工作’，但事实不是这样。如果真是这样，美国的平均工资就会下降，但是没有出现这样的情况。”

关于价格欺诈

“在经济学中没有人会称其为‘欺诈’，他们只会说‘价格突然上涨’。只有无知的政治家和记者会说‘价格欺诈’。当灾难降临的时候，价格自然会出现上涨，因为（商品甚至某些服务）都出现了短缺。这当然有其好的方面，因为这能够鼓励人们向其中投入更多的人力。”

“我曾经采访过一个人，卡特里娜飓风后他看到密西西比的人没有任何电力供应，所以就买了20台发电机，装在卡车中开了970公里来到密西西比。虽然他的发电机的售价是他所付出成本的两倍，但人们还是把他的卡车围得水泄不通。然而密西西比当局却把他拘留了4天，并没收了他的发电机。现在，这对谁有好处呢？密西西比的律师会骄傲地吹嘘他们在紧急时刻如何维护了法律，打击了恶意价格欺诈。但是人们确实需要发电机，正是巨大的价格上涨让他到了那里。同样，有一些‘善良的’商店的饮用水、电池等物品没有涨价，飓风过后很短的时间内这些货物都卖完了。货架空了，人们所购买的都超过他们所需的，把货物屯了起来。通过涨价，他可以确保电池到真正有需要的人手中；同样通过涨价，他可以让其他人也行动起来，带来更多的电池。”

“经济学家米尔顿·弗里德曼（Milton Friedman）曾在《20/20》节目中，称让价格快速上涨的人为英雄。虽然这一点很难跟大众解释清楚，但是价格并不仅仅是一个数字，它包含着信息。当政府将其固定下来的时候，就只能导致物品短缺。”

关于人们为天然气付更高费用

“（想想）把天然气送到这里所要付出的成本吧：它从8公里深的地下被挖出来（所用的钻探钻头甚至都会折断），然后被装到船上，漂洋过海，之后被分离为三种气体，装入价值10万美元的卡车中被运到天然气站。这里的设备同样非常昂贵，因为只有这样才不会发生爆炸。但即便如此，它却仍然比天然气站的瓶装水卖的便宜。政府所取的那部分——税收，远远高于石油公司的利润。”

关于提高最低工资

“我们都希望贫困的工人挣得更多，但是如果政府的最低工资标准能解决这个问题，为什么要把它定在7美元每小时呢？这并不高，为什么不是12美元或者30美元一小时呢？当政府人为地把最低工资标准定得高于市场价格或高于市场供给和需求时，有些雇主就不会再雇用这些人了，或者他们会将这份工作转移到印度或是购买机器来做。正是最低工资让处于入门边缘的工人能够找到工作。以前天然气站经常会雇人清洗挡风玻璃，但是现在却没有，因为天然气站现在要付更多的工资，这样就不再划算。由于必须被支付最低工资，也由于其他一些法律，现在孩子们无法学习建筑了。我们通过了这些法律就等于拆掉了机会阶梯中最下面的那一个台阶。”

关于投资“专家”

“各种各样的人都在做类似的预测，好像他们对自己所谈论的都很清楚，而你也相信了他们。他们把所有的时间都花在了这上面，而且他们本身很聪明，又接受了良好的教育，每天花大量的时间研究股票。所以谁应该更懂一些呢？然而，晨星公司对主动交易的共同基金做了跟踪研究，发现其中95%都比平均收益（标准普尔500指数）差。也就是说，蒙着眼睛向股票表中随便掷一只飞镖，或是让一只猩猩来挑选股票都比这些专业股票交易员做得好。因为所有的信息都在这里，每个人掌握的信息都是一样的，如果想表现出众，你就必须异常聪明。只有5%的人可以做到。因为你所投资的基金频繁地交易——他们也希望你能够频繁交易，这样他们就可以挣到佣金，所以你的收益很可能比单纯购买指数型基金还要差。”

关于美国人变得更易受骗

“我认为没有证据可以证明美国人比过去更容易受骗。人们一直以来都容易上某些当，因为有些事情就是靠直觉的，而直觉本身就是错的。人们之所以认为满月的夜晚更容易发生离奇的事情，是因为我们的记忆中就是这样。如果你在警察局，周围很荒凉，你向窗外看而且正好看到了满月，你肯定就会这样觉得。如果你处于一个没有满月的荒凉的夜晚，你可能就不会记得这些。所以，经常会出现错误信息。让人吃惊的是，即使现在有了这么多新媒体，仍然有这么多无稽之谈，这可能是因为很多记者本身对于经济就一知半解。他们只对政治或演出感兴趣，而对经济没有任何兴趣。可对经济感兴趣的人很少进入新闻行业。”

约翰·斯托塞尔在所有的工作中都有独特的视角，他直接揭示事情本质的这种态度很让人喜欢。他能够参加到我们的节目中是我们的幸运。很少有人能够像他那样洞穿我们所生活的世界。我很高兴听到有人因为他的公正直率的声誉而选择了被动投资方法。

和小吉恩·法玛一起重构指数基金和ETFs

投资者的主要目标是获得整个股市的回报，包括不同的资产类别等。其中有很多投资者试图通过投资指数基金来实现这一目标。虽然指数基金确实是实现大范围收益的一个方法，但它也有一些潜在的缺陷，投资者必须清楚了解这些缺陷。

根据定义，指数投资的投资蓝图完全来源于第三方，它按照第三方信息来配置资产类别。然而很多指数创立之初只是作为衡量具有某一投资风格的基金经理的平均表现，而非作为投资策略来使用。所以，构成某一指数的那些股票并不能准确反映某一类资产类别的全部或是整个市场。很多情况下，一个指数只包含一小撮股票，只能反映市场的很小一部分情况。这样，其结果也很可能与整个市场不同。

小吉恩·法玛在 DFA 公司将有效市场理论的学术研究应用到了实际投资中。当我在 2006 年 12 月采访他时，他解释道："指数基金只是对一种资产类别的人为定义。只用 500 只股票很难代表市场中 8 000 只股票的情况。本质上，指数基金经理的任务就是将他所掌握的资金紧紧跟随某一指数的组成。"

除了在紧紧跟随指数时可能出现问题，另一个可能出现问题的时刻是在这些指数，如标准普尔 500 等进行重构时。重构是指一个商业指数决定将某一公司增加进来或排除出去的过程。各种指数对这一过程有自己的判断，并决定何时制定并执行这一决定。这种指数的重构过程有时被称为"主动管理之光"。

由于传统的指数基金希望能够紧密跟随这些商业指标，所以指数重构有可能导致投资组合更严重的低效率和高成本。当指数管理人宣布某一股票被加入或剔除出该指数时，那些紧密跟随指数的基金经理在指数调整日期决定买入或卖出，以对投资进行调整。由于很多经理选择在同一天集中买入或卖出股票，会造成大量的需求波动，导致价格出现剧烈变动。这种短期的需求可能被其他投资者所利用。

市场冲击是个零和博弈，如果有投资者因重构而受损的话，必然有其他投资者从中受益。在任何协商交易中，希望匆忙交易的一方必然处于劣势。虽然指数基金经理可能成功跟随上了指数，但是他们的交易策略也可能会损伤指数本身的回报率。投资者由于经常犯低级追随的错误而不得不承担这些交易的成本（此处低级追随的错误指尽力紧密地模仿指数的构成）。正如小吉恩·法玛在采访中说的那样：“做股票交易所依据的应该是价格而非时间。”

被计入指数的那些基金在其生效日之前价格会上涨，在生效日之后价格又会下跌。从图 2—2 可以看到，摩根士丹利欧澳远东指数（简称 MSCI EAFE Index）等国际指数也存在同样的问题。在股票被迫买入以后，其价格的下跌幅度可能更明显。

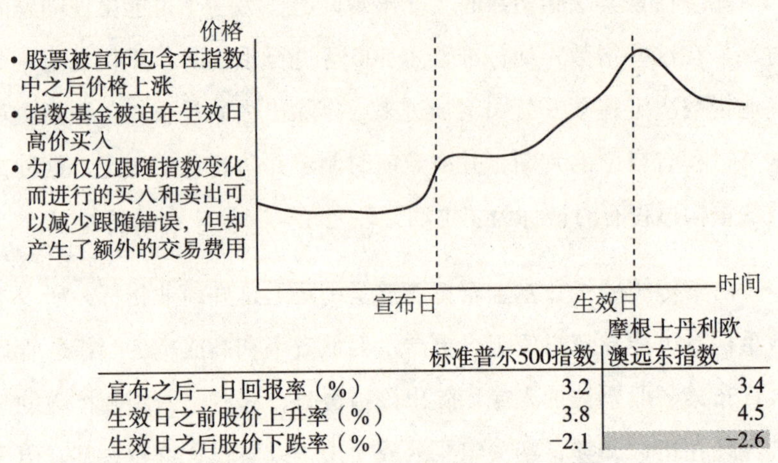

	标准普尔500指数	摩根士丹利欧澳远东指数
宣布之后一日回报率（%）	3.2	3.4
生效日之前股价上升率（%）	3.8	4.5
生效日之后股价下跌率（%）	−2.1	−2.6

图 2—2　指数重构对股票价格的影响

将被加入指数的股票，其价格在宣布之后和生效日期间会经历一段异常的拉升过程。这来源于投机性购买所形成的压力。在生效日之后，较弱的市场需求又会导致价格下跌。生硬地照搬跟随策略的传统指数基金经理，必然会在股票价格上升的时候买入。在生效日之前买入股票可能会减少跟随错误，但却同时增加了买入和交易成本。

灵活的交易策略能够让被动投资经理选择合适的时间交易，从而避开大量买入的日期和较高的价格。采取这样的策略会因为减少了交易成本和较低的买入价格而增加收益。资产类别基金的这种灵活性，是其比传统的指数基金具有更强的一贯性和更大的收益潜力的主要原因。

ETFs是近年来出现的一个重要的指数类投资品种。和其他指数基金一样，这类投资品种的成本基本上比较低，但是它们在指数的复制性和重构方面存在着同样的问题。它们创立之初的目的是吸引小投资者和那些想在一天内或是任何时候进行买卖交易的人。这是因为它们的价格和股票一样，在交易日之内也会有变动，这和共同基金不同。共同基金的交易价格按照当日市场的收盘价计算。ETFs这种实时交易的特点必然会让投资者认为应该密切关注市场波动，按照其变化在恰当的时间买卖。这满足了“活跃交易指数”的特点。

ETFs同时也被作为很多行业或国家获得板块利益的良好途径。然而，这类ETFs通常过于集中，主要分布在几只股票中。这种不够分散的特点导致其非常脆弱，可能会随着某一只股票价格的波动而变化。另外，ETFs和其他板块投资品种可能面临“突发事件风险”，也就是突然的、有时甚至是灾难性的事件，会严重损害某一特定的行业或是地区。我认为完全没必要让我们的投资组合面临这样的风险。

不幸的是，由于ETFs持续灵活的市场推广，它还是会受到选股和择时者的欢迎。同时还应该记住，华尔街之所以创立ETFs，就是因为指数基金等被动投资策略一直以来吸引了大量的业务。ETFs提供了被动投资的途径，但是却丝毫没有减少主动交易的成分。近些年，新出现的ETFs席卷了金融市场，更明显地反映出主动挑选股票和预测市场的策略。所以，虽然早期的 ETFs 的目的是对抗被动投资策略，但华尔街又重新通过这些投资品种来激发你的贪欲和对错过时机的担忧。

指数基金和 ETFs 的重构迫使很多基金经理在高价位时买入股票。这些投资品种通常也没有充分反映股票市场的深度和广度，包括国内和国际市场。我曾经在《无忧财富》(*Wealth Without Worry*)一书中说过，满分 10 分的话，指数基金可以得 7 分，而主动管理基金只能得 1~2 分。很明显，指数基金比华尔街提供的无数其他选择要完美得多，那些选择只是为他们自己提供巨大利润的工具。不过，虽然指数基金比积极选股和市场预测策略好得多，但它还不是最理想的策略。投资者最理想的策略应该是资产类别投资。

THE INVESTING REVOLUTIONARIES 小结

华尔街的很多利益冲突都很明显，而且被纳入公众视野已经好多年了。但还有一些冲突不太明显，所以我们就把坚持指明那些影响你的投资生涯的利益冲突作为我们的任务。

我相信，我们所看到的一些著名的金融大公司，如贝尔斯登、雷曼兄弟、美林公司和美国国际集团（不幸的是，这个名单可能会很长）所出现的金融混乱，是对当今华尔街高层那种难以接近的顽固思想的一个告白。我希望你能看穿未来一两年中可能会出现的，那些尽力吸引你的注意力、玩弄你的贪欲和担忧的，聪明的市场宣传攻势。不管市场出现什么极端情况——无论涨跌，华尔街的推销员都不会离开。你的金融未来取决于你对金融巨头制造的噪音进行过滤，如果你想安心获利就必须如此。

第3章 “午餐肉”与“技术股”：华尔街的方法

> 敏锐可能会欺骗你，而正直却不会。
>
> 奥利弗·克伦威尔
> 英国17世纪政治家、军事家

2008年出现的金融骗局让人们对华尔街领导者的动机和诚信提出了质疑。虽然我坚信我们的金融体系和市场必将恢复健康，但华尔街的庞氏骗局（Ponzi schemes）所带来的损失却难以估量。

随着市场的恢复，人们自然也会慢慢忘记曾经发生的事情。这时华尔街的宠臣会再次出现，像往常那样利用个人投资者。他们会使你相信，虽然他们几十年来所做的尝试都失败了，但是这次他们一定能够帮你准确预测市场的涨跌，成功选到股市中的牛股。坐落于曼哈顿下区的这些暴君，完全依赖你对他们能够创造财富的信任来创造他们自己的财富。他们所进行的每一个行动都想让你相信他们知道所有问题的答案，没有他们的指导你的投资就没有保障。他们能够以强迫和让人信服的方式不花一分钱就制造出这样的信息。与这种误导做斗争是“投资革命”的事业。

华尔街的一个主要方法是通过广告来宣传自己的“专业能力”。

吸引你的注意力，再把你吓蒙

下面这段话摘自2008年3月的Editor & Publisher网站：

根据美国报业协会（Newspaper Association of America）所公布的最新数据，与2006年相比，2007年所有印刷广告的利润下跌了9.4%，至420亿美元。这是该协会自1950年开始统计广告消费情况以来的最大跌幅。

为什么说对于个人投资者来说这是个坏消息呢？如果你的投资偏重于大众媒体公司从而持有异常大量的类似股票的话，广告利润的下跌可能对你的投资组合产生什么样的影响呢？

我之所以认为2007年的这份报告对于投资者是个坏消息，是因为我一直担心华尔街的媒体合伙人看到机会的时候会大肆激化投资者的担忧（或贪婪）。华尔街达到目的的最有效办法就是确保你被吸引进来并对此害怕。媒体标题中经常会出现一些低俗的内容来吸引读者，所以你就很难区分给予全面公平报道的客观媒体和做出偏颇报道的主观性媒体。

媒体组织如何挣钱呢？非常纯粹而简单，就是靠卖广告。但是有一种错误理解是相信媒体的人格——包括财经媒体，认为他们会给出有帮助的信息和翔实的建议。虽然他们偶尔确实会给出一些有益的边角新闻和指导，但这绝不是他们的客户付钱给他们所希望看到的。他们付钱是希望媒体能够吸引读者，这样他们才可以卖出产品。如果媒体能同时宣传一些有益的信息就更好了，但其真正目的却不在于此。顺便说一下，谁又能责怪他们呢？了解了其利益来源并且满足某一产品和服务的需求并不一定是错的。让他们打着自由资本市场的旗号尽力施展吧。我只是不希望你观看了这些表演后产生一些印象，认为这些金融计划的内容和目的是绝对仁慈的。

那么到底什么可以卖出广告呢？数字，尤其是读者、听众和观众的人数。这些数字如何才能增长呢？其增长就是靠把每个人都吸引进来。实现这一目的最基本的方法就是夸张。不幸的是，最容易实现夸张效果的消息就是坏消息。“血雨腥风则夺人眼球”——广告信息也是这样，财经媒体中的情况也完全相同。事实上，金融服务领域的情况可能更严重。这就是为什么理解了媒体的动机以后更容易实现成功的投资，并在投资中得到更强的一致性和更少的波动性的原因。正是这些夸张的宣传导致了投资者情绪化的决定，才出现了低买高卖的现象，而这与投资者希望实现的、而且也清楚自己应该实现的结果完全相反。如果你明白了金融频道电视采访的目的只有一个：卖广告，那么你就可以学着慢慢忽略这些渠道的信息，从而避免做出错误决定，因为这些错误决定大多数都是受到媒体的影响。

整个过程中更令人不安的是，华尔街公司几乎是财经媒体中最频繁的顾客。所以，其合伙人就会对其有更多的重视。媒体的业务是卖出广告，而大金融公司希望找到他们能卖出服务的顾客。所以华尔街急切希望看到前景无望的熊市中出现的夸张情绪或牛市中的疯狂现象（他们才不管到底是二者中的哪一个呢——还记得网络泡沫中的疯狂吗）。广告本质上要避免具体的承诺，因而只会制造一种模糊的情绪来吸引观众。这种效果对华尔街非常有利，因为他们最善于制造控制观众心理的情绪，然后再指出一条通往光明前途的道路——当然，前提是使用他们的产品和服务。

华尔街每年还会花费数百万美元来研究投资者的购买习惯。他们知道人们经常会在两种状态下做出关于金钱的决定：恐惧得要死的时候和觉得自己无往不胜的时候。他们利用了人性中两个古老的弱点：恐惧和贪婪。在生活中，当你处于极度情绪化的状态时，做出过几个明智的决定呢？这就是了！华尔街正是利用了你这种把金钱在两个极端间频繁转移的特点。而且很多投资者在处于慌乱情绪中时，不是自愿做出决定的。当投资者买入或卖出的时候，这些公司就可以掠夺小费、佣金和交易费等。

了解了这些，我们会发现在当今这个媒体充斥的世界中，投资者很容易被利用。避免被利用的最好办法就是完全避开财经媒体和它们充满夸张、半真半假的信息和利益冲突的宣传计划。如果你真的能戒掉这些习惯，那么你现在至少可以观赏其中的娱乐价值，比如收看吉姆·克莱默（Jim Cramer）主持的《疯狂的金钱》（*Mad Money*），而不是听取他们的那些建议。

韦斯顿·惠灵顿，《财富》与10年间的顶级股票

2008年7月初，市场出现了暴跌。道琼斯指数在之前约60天中急跌了大概13.5%，我觉得是时候放松一下，做下深呼吸，让投资者对市场给出一些观察并进行一些小小的娱乐了。谈到娱乐，还有什么方式比找韦斯顿·惠灵顿先生更好的呢？

韦斯顿·惠灵顿经常参加我们的节目。他是一位迷人的演说家，我曾在心底渴求他那种近乎完美的声音。他来自波士顿，曾在耶鲁大学读书，是一个聪明机智又善于交际的人。他还有一项天赋就是

能够诙谐幽默地说出金融行业的黑暗（他瘦长的身材和面部表情更增加了他的幽默感）。作为 DFA 的副董事长，他的工作之一就是负责媒体研究，没有人比他更擅长这项工作了。

除了预测市场的未来情况，华尔街兜售最多的就是经纪公司的选股能力。2008 年，惠灵顿和听众一起分享了他的一项专业爱好，那就是根据之前媒体公布的信息到今天所出现的结果，再回头分析当时的情况。继《财富》杂志推荐股票 10 年之后，我们得以讨论之前所推荐的股票并不出众的表现。《财富》杂志很多年来一直在推出《退休指南》（*Retirement Guide*）小册子。惠灵顿研究了 1999 年中期发表的《退休指南》，发现它通过非常集中的方法仅仅推荐了 10 只股票（有趣的是，到 2002 年《财富》杂志已经把这个数字扩大到了 40 只）。依靠公司以外的一些专家和内部的一些有资格的分析师的分析，《财富》杂志当时选择了一些公司，按“其规模、稳定程度和盈利能力推荐给消费者，不管在未来几十年中市场出现什么情况，这些公司都可以放心投资”。

我相信《财富》杂志在出版这些精心挑选的股票时，肯定没想到会有像韦斯顿·惠灵顿这样的人，一年一年地跟踪这些预报公司的表现。我确信出版社肯定认为几乎所有人老早就把这些旧杂志扔掉了，因为我就是这样做的。但是惠灵顿把这些杂志都保留了下来，这让我很高兴。他把这些杂志当作自己的“酒单”，喜欢把它们先放到一边，让其随着时间的流逝慢慢增加年份，然后再把它们打开，尝尝到底是酸的还是甜的。

关于《财富》杂志选择的 10 只股票，出版人员称他们通过努力工作选择了那些“具有正确的业务计划和优秀管理”的公司。但是根据惠灵顿所说，“时间对其所推荐的大部分股票都不太友好。”到底怎么不友好呢？答案是在这 10 只股票中，有 9 只的表现低于标准普尔 500 指数，其中两只由于公司破产而变得一文不值。

我们对此做了一些研究，发现《财富》杂志在 1999 年 7 月 14 日到 2008 年 6 月 13 日之间，其所推荐的股票的平均收益下降了 50.7%。而标准普尔 500 指数只下跌了 3%（不包含分红）。

我们的深入研究得出了同样的结论，另外还有一些对投资者来说是坏消息。真糟糕！

这不就是经常出现的情况吗？股票挑选“专家”在一批集中的、大概 10 只、25 只或 50 只股票中，寻找“优秀的管理和正确的业务计划”，数字多少都没有关系。惠灵顿的分析非常聪明，它以伟大的微观视角来观察当投资者使用财经媒体的建议并努力选择个股时出现的结果。这些人都应该知道自己在说什么，毕竟，他们都有在世界重要的财经出版社工作的经历。让我们仔细看看他们所“选出的 10 只股票”。

- 美国国际集团（以下简称 AIG）。这是从《财富》杂志的文章中所引用的：“多样化的产品组成和国际范围的经营应该能让这个保险巨人坚持盈利，直到下个十年。AIG 在过去的 20 年中一直保持年均 15% 的增长率，并且没有出现任何减慢的迹象。”那么 AIG 在之后 9 年中的回报如何呢？答案是 -46%。很明显，它的持续 10 年的盈利早早就结束了。不仅如此，我们（纳税人）不管愿意与否都要成为这个公司的一部分，因为美国政府不得不在 2008 年 9 月对 AIG 注资以帮其脱困。

这真是《财富》杂志的一个不好的开端。

- 百时美施贵宝公司(Bristol-Myers Squibb)的情况怎么样呢？每个人都想购买医疗保健和大制药公司的股票。《财富》称其为“长线投资者的聪明选择”。如果你想在每个板块上都押上一宝，它就是保健板块的选择。结果呢？它下跌了72%。
- 思科系统公司是这么宣传的：“由于因特网的爆炸性增长和对通信器材的持续上涨的需求，网络供应商中的领头者必将继续保持繁荣。”哇，这听起来太对了，不是吗？结果它却下跌了21%。
- 福特汽车公司。“快速并购将给福特包括林肯、沃尔沃、捷豹和阿斯顿马丁等在内的高端品牌带来一个高水平稳定利润的时期。”可惜，它下跌了80%。
- 家得宝公司(Home Depot)。你每个月要去多少次？反正我是每周末去两次。所以推荐这只股票应该理由充分了吧。可它下跌了37%。
- IBM。这只股票仅仅下跌8%。
- 泰科国际(Tyco International)，《财富》杂志曾如是说：“战略上的并购助其提升盈利能力。”那它表现得怎么样呢？下跌78%。
- 强生公司。《财富》杂志终于选到了一个上涨的领域。该股票上涨了38%。然而，不幸的是，这是所有10只股票中唯一一只上涨的，而且38%的收益按照年度计算只有3.6%，也不算特别高。

我们把最差的两个留在了最后：

- 联合航空集团(UAL Corporation)。《财富》杂志问道：“航空公司有可能上涨的股票吗？这只肯定能，归功于强大的国内航空网络和亚洲复苏的信号。”结果，下跌 100%。

- 世通公司（MCI WorldCom）。一文不值。《财富》杂志称：“在快速增长的电信版块和技术解决方案公司中，很难找到比世通更强的公司。”下跌 100%。这个数字让人看着很痛心，而如果你是把自己的信念和资金都投入其中的世通雇员，那么就更是如此。

你又能说什么呢？这就是在挑选股票的世界中每天都会发生的事情。投资者紧盯着最近的发展趋势。福特快回来了，技术股看起来很好，每个人都想进入医疗保健公司。所以这些趋势看起来都是很好的投资选择。《财富》杂志当时推荐的这 10 只股票中，除了强生公司其余全部下跌（如果你认为年度 3.6% 也算是增长的话）。有人能全部避开这些股票吗？

我大胆地请任何人（不管是不是“专业”的选股人）来挑选 10 个公司，要求其股票能像这些股票这样贬值。如果我们举行一个比赛，让最糟糕的股票挑选者获胜的话，肯定没有其他“胜利”的失败者（我自己都乱了）能表现得像《财富》杂志这么差劲。另外，如果我们找两组人，让其中一组挑选 10 只最好的股票，另一组挑选 10 只最差的股票，我相信两组的平均水平将非常接近。这肯定会是一个伟大的投资和社会实验。

关键问题是，即使一个非常聪明的人努力选出表现这么差的股票也不容易。然而，不可思议的是（正如惠灵顿巧妙地向我们指出的那样），这事就是发生了。我之前说过《财富》杂志所选的 10 只股票整体价值下跌了 50.7%，也就是说，如果你非常不幸地在医生的办公室看到了 1999 年夏天的这份杂志，并且认为它向你提供了可信的建议的话，你的10万美元的投资账户将仅仅剩下49 300美元（只要想象一下有多少投资者这么做了我就觉得发抖）。

惠灵顿也声明他的出发点“并不是要讽刺《财富》的编辑们的选股技巧。毕竟，这些股票中的很多也曾被世界最著名的分析师和资金管理人推荐过。《财富》杂志的编辑们在1999年很清楚许多投资者对互联网股票还念念不忘，并且也在强调多样化地持有被证明有能力的公司股票的重要性。鉴于当时很多人都坚信‘总体上看，成长股，尤其是科技股，必然会在充满不确定性的将来表现卓越’这样的想法，《财富》杂志的选择涵盖了很多行业，这看起来还是非常明智的。但是，市场参与者一次又一次地被突发事件所袭击。即使是今天，也很难发现理由充足的股票推荐背后的失误之处。”

至于我们想通过“投资革命”节目向听众传达的观点，我研究了这9年时间中市场的总体表现，其结果见表3—1。

表3—1　1999年7月1日至2008年6月30日各领域总收益比较

领域	总收益
房地产投资信托（REITs）	199.08%
新兴市场	209.65%
美国小盘价值股	155.47%
国际小盘价值股	225.85%
国际大盘价值股	140.43%

投资者看着这些结果时可能会说：“当然，这些领域确实表现得非常好，但是《财富》杂志挑选个股时尚且如此，我们又如何能比他们更清楚应该选择哪个领域进行投资呢？”好吧，你确实不能。然而，相对于仅仅掌握几只股票，这些领域中的任何一个都更加多样化，所以也可以经营得更好。也就是说，如果你把资金投入到由

国际小盘价值基金组成的资产类别中，它可能已经涨疯了，这无论如何也不会比《财富》杂志挑选 10 只股票更难。

我希望你能从这些分析中学到的主要内容就是，多样化是投资的关键。如果一个投资组合能够使用资产类别方法多样化投资于所有的资产中，它在这 9 年中的收益将达到 114.2%。没有挑选，没有预测，就没有担心。考虑一下吧！

什么是最好的投资组合

我知道如果我告诉你我一直喜欢罐装肉（辣味烤火腿、罐装牛肉，尤其是午餐肉），肯定有很多人的喜好和我不同。是的，午餐肉，就是荷美尔食品公司（Hormel Foods Corporation）生产的那种肉制品。我小的时候在得克萨斯的狭长地带长大，现在还清楚记得那时祖父把午餐肉和西红柿一起炖，在烤面包片上做蛋黄三明治时炉子上的午餐肉散发出的香味。三明治再配上半盘油炸玉米饼和一杯得克萨斯甜茶真是一顿美味的饭食，即使现在想起来我的肚子还会咕咕响，嘴里流口水。荷美尔食品公司称自 1937 年开始生产午餐肉以来，已经卖出了 500 万罐，所以别的地方的一些人肯定也很喜欢这种食品。

像荷美尔这样沉闷的股票有时也会产出让人印象深刻的回报。华尔街的目的就是让你相信，当你考虑买股票时，应该仔细评估一个公司所生产的产品和提供的服务，以判断其价值。如果你能在 20 世纪 80 年代中期，预知有一天几乎所有美国人都会在走路时随身携带一部手机，那你肯定老早就进入了远程通信领域。而且你肯定早已找到了其中最好的公司。但是我们要考虑的不仅仅是这些。公司的管理团队怎么样？其内部是否存在可能暗中损害整个公司经营的法律问题？它的CEO是否狂妄自大？这一行业是否处于发展的初期？每个新兴行业必然出现的泡沫的影响是否已在这个行业中显现？行业中出现兼并时会对股价产生什么样的影响？此公司是否比其他行业板块中别的公司更容易受到系统性（市场）风险的影响？

如果仅仅根据能否提供较好的产品和服务这一个因素就可以决定股票的好坏，那选股就会容易得多。但事实上，有很多因素可以决定股票的价值。

为了说明这一点，我们对荷美尔和另外一个大部分投资者都比较看好的公司，电子器件和手机等产品的制造商摩托罗拉公司（Motorola）进行了长期的对比观察，同时还对这个试验进行了扩展。在表3—2中，我们比较了两个分别包含荷美尔和摩托罗拉公司的股票类投资组合，在1981年1月1日至2007年12月31日这27年间的表现。

表3—2　两个投资组合总回报比较

食品类股票组合		技术类股票组合	
小脚趾圈食品公司	8 471.42%	IBM	1 354.54%
醉尔思冰淇淋公司	2 080.37%	惠普公司	1 287.02%
荷美尔食品公司	3 675.81%	摩托罗拉公司	1 100.65%

我敢说在20世纪八九十年代，很少有专业理财经理会坚定地支持休闲食品而不看好高科技产品。你会在邻居家的晚餐会上吹捧土特希卷（Tootsie Rolls）是“市场上最好的投资选择”吗？然而，结果明摆着呢。我们还可以举出上百个这样的例子。

我并不是说投资组合中应该避免出现科技股，或者休闲食品公司的股票就是投资组合的基础。这些数字所能反映的是，投资者最不抱希望的股票可能就是对投资组合的收益产生重要贡献的股票。这个例子只是再一次证明为什么选股是如此毫无意义的行为。既然我们不知道哪一个公司最终能够成功，也不知道为什么成功，那么最好的办法就是拥有所有的公司。当某人问你对某只股票的看法时，你就可以说："嗯，我买了这只股票。"该上油炸午餐肉三明治了！

我们选股吧！

假设"投资革命"节目要把世界上最优秀的10个选股人集合到一起做个试验，我们会参照《华尔街日报》的年度顶级理财经理榜单，并且采用严格的标准进行筛选。所选的理财经理必须有至少20年的资金管理经验，并至少连续5年出现在这个榜单上。满足了这些条件可以保证他们在过去已经取得了一定的成功，并且经历过多轮牛市和熊市周期。我们还会要求他们分析标准普尔500指数，并从中选出最优秀的25只股票。这个专家小组中必须有绝对多数的人同意是否保留某只股票，也就是说10个人中至少有7个人的意见必须一致。我们同时会付给他们丰厚的薪水，并提供一支由持有MBA（工商管理硕士）、CFA（特许金融分析师）和Ph.D（博士学位）资格的人组成的团队，在一周之内听从他们的指挥。他们会住最好的宾馆，享用最好的食物，可以使用所需要的任何技术和研究成果。这是一个不计成本的项目。

标准普尔500指数是最常用的指数，与其他共同基金相比，很多投资者更愿意把它作为投资的指数。如果有可能，我们想在这个专家组的帮助下把它削减到25只股票，这样我们就能拥有一个全明星的投资组合了。

第一步看起来很简单：把这个数量缩减一半至250只，然后我们会让这些专家将其再减少到125只。这时肯定会出现一些困难和讨论。然后继续把这一数量减少到50，40，最后到25。如果那些专家和投资者都相信标准普尔500是个坚实可信的投资选择，那么其中25只最好的股票不是更好的投资目标吗？

这个试验就像在美国篮球大联盟中挑选一支全明星球队一样。这将是一群非常优秀的球员。你愿意将全部资金投于这个表单中的股票吗？当然愿意！为什么要浪费钱去投其他475只股票呢？还有，要止步于此吗？难道不能在这10个顶级选股专家的帮助下，把这个表单继续缩小至10只甚至5只最优股吗？继续，我们这支卓越的、经验丰富的专家小组肯定能够选出最好的那一只股票，然后把我们辛辛苦苦挣来和攒下的钱都投入其中，难道不是吗？

你肯定会觉得这有点不太正常，事实上，不只你这样认为。即使真的出现了这样的情况，你也很清楚没有任何专家或专家团队（不管他们看起来多么有资格）可以从500只股票中选出一只最优秀的，即使他们都达成了一致也不行（况且这些自负的人们也不可能达成这样的一致）。事实上，你也清楚他们甚至不可能一致选出最优秀的25只股票。你怎么能知道呢？因为如果能选出来他们早就选了。相信我，如果他们选出来了肯定会让每个人都知道的。

只有傻子才会冒险把所有的资金都投在标准普尔500指数中的1只、10只、25只甚或50只股票中，不管这个挑选团队多么有资格，这样都很冒险。但是为什么在主动投资的共同基金中还会出现同样的事情呢？全美国交易所中共有大约 8 000 只股票，主动管理的股票基金平均持有 156 只股票。这些基金经理实际上选择了美国前 2% 的股票，这和从标准普尔 500 指数中选出 10 只的比例完全一样。另外，整个共同基金市场中的平均换手率超过 85%。所以，专业基金经理平均每年会把已经选中的 156 只股票中的 133 只换掉。那些专家们好像也不太敢相信自己，不是吗？难怪根据对华尔街分析师的调查发现，在 2007 年《华尔街日报》最优股中超过一半都是第一次出现。那些被踢出榜单的要么是与之前的幸运表现不相匹配，要么是准备积蓄力量再次有所表现。选股，或请别人选股都是徒劳的事情，根本没有那么好的选股者能为你实现投资组合的真正收益。

时间与金钱

有一句格言是："时间就是金钱。"华尔街经常使用的一个方法就是利用过去的卓越表现数据来吸引投资者。你是否经历过把资金投入到之前表现不凡的共同基金中，然后眼巴巴地等待，等待……等待你的投资所带来的回报，结果却发现它再也不会出现了？我们的任务之一就是改变这样的状况。

现在终于可以通过时间和金钱来对共同基金家族进行衡量了。作为金融研究的堡垒，晨星公司推出了一种称为"资金加权回报率"的、衡量共同基金回报率的新方法。晨星还同时推出了以资金加权数据表示的、代表总收益率的比率。那么，资金加权数据到底是什么意思呢？如果它能对投资者有所帮助，到底是如何实现的呢？

以前所公布的收益都是基于点对点的时间来衡量，也就是说回报是按照时间加权计算的。比如计算收益时要比较基金成立日的价格和当前日期的价格之间的差别。这样得出来的结果被称为“自发行日”起的回报。使用这种方法时，晨星公司有1年、3年、5年和10年等各个时间段的衡量标准。

然而，这种衡量方法的缺点就是，它默认投资者正好从所衡量时间段的起点开始买入基金，并一直持有到衡量时间结束。任何熟悉投资的人都清楚，投资者根本不会正好在发表报告的日期进行买入和卖出操作。他们可能在某年的6月12日买入，3年后的4月3日卖出。如果考虑到那些没耐心的投资者和基金经理，以及积极交易、频繁换手的特点，点对点的时间加权衡量方法更表现出明显的不足之处，并不能为潜在投资者就某一投资产品给出精确的回报数据。

然而，资金加权回报率在计算时不仅考虑了基金整个过程中的表现情况，同时也考虑了资金流入和流出的情况。基金中资金量较大时收益占的权重，要大于资金量较小时收益所占的权重。对于损失的计算方法也一样，其中，资金量较大时所占的比重也更大。

为什么说这种差别很重要呢？因为衡量了资金流入和流出的情况时，可以让人们更清楚地看到，当更多（或更少）投资者投资于此时基金家族的表现。

每个投资者都是追逐利益而来。图3—1和图3—2就是我以前用来表现这种状况的。这两张图最先出现在我的第一本书《无忧财富》中，它们清楚地显示了当基金较好和较差时资金的流入和流出情况。图3—1中的基金跟踪数据来源于富达投资公司所掌握的麦哲伦基金的收益数据，为了研究方便，此处将其称为基金 X。麦哲伦基金在经理彼得·林奇的运营下非常出名，盛行时被认为是世界上规模最大的基金，2000 年其所掌管的资金总量达到最高时的 1 060 亿美元。

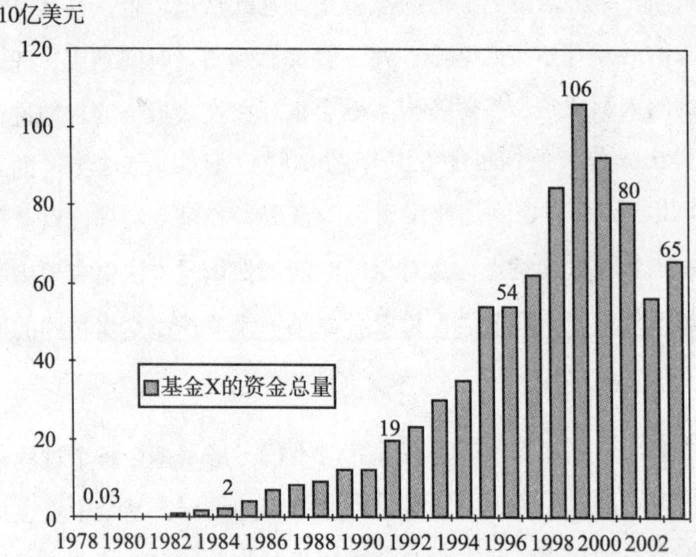

图 3—1 1978—2003 年富达投资麦哲伦基金业绩与基金规模比较图

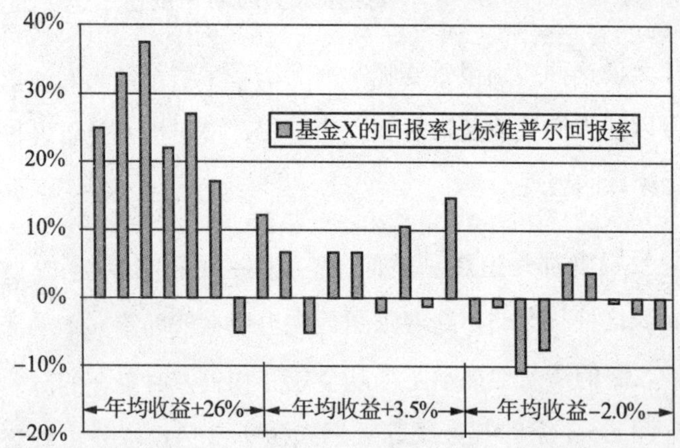

图 3—2 富达投资麦哲伦基金与标准普尔 500 指数回报率比较图

请注意前几年出现的巨大回报，这几年投入其中的资金量非常小。一旦其超越平均水平的收益表现被大众所知，追逐利益的投资者就会蜂拥而入，想从诱人的收入记录中分一杯羹。该基金于1997年10月对新投资者关闭，以避免其规模过大而难以运营。

不幸的是，到20世纪90年代中期，该基金的收益只能达到市场的平均水平了。从2000年1月1日到2008年，该基金的年均收益下降了6.8%，9年中有6年落后于作为衡量标准的标准普尔500指数。2008年1月，在经历了2007年接近19%的增长之后，富达投资公司对新投资者重新开放了该基金。看起来基金经理又在使用惯用伎俩来吸引更多追逐回报的人。尽管如此，其所管理的净资产在重新开放后还在持续下降。到2008年9月30日，其资金量下降到了350亿美金，几乎只是2000年顶峰时的1/3。由图3—2可知，麦哲伦基金年初至9月份的收益下降了45.6%。另外，我非常肯定，那些作为"2008年金融危机"主角的基金经理，其所处的金融巨人的位置对此没有任何帮助。

这是共同基金领域的典型情况。基金家族会设立很多基金，期望一只或几只在某些管理方式下可以报出惊人的收益数据。经过一两年以后，他们会推出那些"胜出者"。也就是说，他们会把那些表现比较好的基金推向市场进行宣传。有趣的是，你可能从来没听说过那些没有"孵出"的基金。这些基金很快就被遗弃了，根本没有进入市场部进行宣传。同样让人吃惊的是，美国证券交易委员会根本不要求上报这些被遗弃的基金的回报情况。所以能经历基金高回报的仅仅是刚开始投资的个别投资者。其收益大多数情况下都会因为各种原因而慢慢下跌，其中非常重要的就是基金经理没有了选股和预测的运气。由于这种追逐利益的情况的出现，可以肯定的是，资金加权回报率要低于时间加权回报率，因为基金中的绝大多数资金是在高回报时进行了夸张宣传之后才进来的。所以，晨星公司执行董事唐·菲利普斯（Ton Phillips）相信资金加权回报率数据“更容易抓住投资者积累的经验”。

传统的时间加权回报率和新的资金加权回报率之间的不同，在使用对冲策略的基金中表现得最为明显。作为证明资金加权方法是可靠指标的有效性研究的一部分，晨星公司分析了 80 只对冲基金的情况。截止到 2005 年 12 月 31 日的 10 年中，时间加权年度总回报率比资金加权回报率高了 2.93%。对于投资者认为自己所能得到的和其实际得到的收益情况来说，这样的差别真的非常大。那么我们可以说华尔街长期公布的时间加权回报率实际上可能只是镜花水月吗？我想这个答案不言自明。

这个研究中真正吸引人的是晨星公司同时还利用这个成功的工具分析了几个基金家族的情况。其中最高的是 DFA 的表现，达到了 109%，该公司的资金加权回报率惊人地高于时间加权回报率。这也是研究中唯一一个收益超过 100% 的基金家族。这清楚地表明 DFA 的投资者在聪明地使用买入并持有的策略。很多研究已经证明，买入并持有策略一般比主动交易策略更能实现较高的长期回报。其他基金家族的收益也都不凡，比如道奇·考克斯公司（Dodge & Cox）、富达投资公司和先锋基金公司等的收益都在 85% 以上，但是其他一些知名的基金公司，比如普特南（Putnam）的回报率为 67%，而杰纳斯公司（Janus）的回报率只有 25%。

资金加权衡量基金回报率的方法不可能终结主动管理基金和华尔街基金兜售者常用的基金孵化技巧。那些聪明的、利用早期表现良好的共同基金进行推销的技巧还非常赚钱，所以不可能会停止的。他们会利用信息不灵通的投资者根据常见的时间加权表现做出挑选基金的决定这一特点。除非你参与到我们的革命中，并向你的朋友和家人推荐这本书，否则他们很可能永远也不会听到这些，那些错误信息可能还会误导他们很多年。同时，也不要期望那些兜售基金的人会主动告诉你这些信息。但是你可以问问他们这些情况，这样可能会很有意思呢。

THE INVESTING REVOLUTIONARIES 小结

华尔街依赖充斥于世界的信息来迷惑你，诱导你放弃自己的想法，将资金完全交由他们打理。他们在尽力宣传自己选股和预测市场的能力，但是我们都知道预测未来会迷惑住所有的人，当然也包括他们自己。

和生活中其他领域一样，在投资领域中一个被讲了很多次的谎言可能会逐渐变成真理。所以他们通过自己的宣传部门在电视中狂轰滥炸，还大量印发传单。而且，通过雇用大量聪明且拥有高学历的人到自己的公司中，他们获得了公众的信任。他们掌握着有一个多世纪历史的军事基金和大量的说客来供自己驱使，这些人没有一天安静的时候。他们所提供的有限的或是偏颇的信息就足以让未来的投资者上钩了，因为这些人没有别的选择。

这就是我在这里主持“投资革命”的原因。和之前的所有革命一样，这次革命也将慢慢取得胜利，只要每次争取到一个投资者就好。

THE INVESTING REVOLUTIONARIES

How the World's Greatest Investors Take on Wall Street and Win in Any Market

第4章 变化才是永恒：市场的真谛

罗纳德·里根
美国前总统

市场一直处于上下波动中。

——于1987年10月19日

（黑色星期一）

个人投资者最容易陷入的、并深受其害的一个最大的陷阱，我称之为“永久性偏见”（in-perpetuity bias）。这是指投资者倾向于认为市场一旦朝某个方向发展，就会一直持续下去，而且很容易把这种感觉内化为一种深信不疑的观点。我们经常会看到投资者在牛市中的陶醉和在熊市中极度焦虑的样子，好像他们之前根本就没有见过经济波动似的。是的，我已经反复地跟听众说过，我们在生活中——或在股市中，经常要面对的就是变化。

下面讨论的目的就是为了让你理解市场究竟是如何变化的，你如何才能保持冷静且坚信自由资本市场是能获得长久利益之地，同时要让自己适应全球经济的跌宕起伏——有时可能是非常大的下跌。

可能性与或然性

亚里士多德曾经说过：“或然之事就是指经常发生的事情。”

我曾经听一个心理学家描述可能性（possibility）与或然性（probability）的区别："乘飞机的时候你会意识到，飞机有可能不能安全抵达目的地。类似的事情确实发生过。飞机确实坠落并导致人员伤亡。但是，现实情况是，一个人在飞机事故中死亡的概率只有1/11 000 000，但是一个人在汽车交通事故中死亡的概率却有1/5 000。有人认为驾车去机场要比搭飞机冒更大的风险。确实有可能某一天你乘坐的飞机失事了——但愿不会如此，但是这种事不会经常发生。如果你真的认为此类悲剧会经常发生，你肯定就不会再乘坐飞机了（我知道确实有这样的人）。如果我们混淆了这两个概念，把生活中有可能发生的事情当成或然之事，或把或然之事当成有可能发生的事，那就有麻烦了。我们的生活也会变得异常混乱。

由于经常出现相互矛盾的信息，投资者也会经常混淆可能性和或然性的概念。尤其当市场处于困难时期，投资者很容易相信如果不对所投资金做策略上的调整，他们很可能会变得一无所有。华尔街公司会通过夸大的宣传来煽动这种情绪，他们会说这是个"大灾难"。他们会利用这种恐惧的气氛，并宣称你应该按照他们的经验来预测市场发展并选择合适的证券或板块，否则你的投资组合将面临灭顶之灾。

比如，曾经有个投资经纪人就建议投资者"持有现金"，并许诺等市场风暴过去之后他会在合适的机会再进行投资。他还暗示他在纽约有很多金融专家，他们会告诉他机会什么时候来临，这样就能让你减少损失，增大收益。

或者他会推荐一些投资产品，称其能"抗跌保涨"。这听起来确实很诱人（但是他们对宣传品上面小字所提醒的收益限制性话语，以及中途解约的退保罚金却只字不提）。他们这些建议会在“安全”的名义下让投资者不知不觉地长期投资于此，但是只要经济形势稍一好转，这种策略就会过时。这些策略的出发点是要降低你对失去一切的恐惧，但是这样的代价太高了。

不幸的是，如果投资者在市场衰退时陷入非理性的恐惧，就可能基于短期的情况做出长期的投资决定，因而损害其在以后的投资道路上盈利的机会。这些都源于对可能性和或然性概念的混淆。

华尔街经纪人还特别善于利用人的贪欲。在人生的天平中，贪欲是必然的一个方面，华尔街经常利用投资人在牛市中的糟糕表现（至少感觉上的糟糕表现）来做文章。当市场表现较好时，就像他们通常所做的那样，华尔街就开始利用广告左右你的情绪和害怕“错过”赚大钱的机会的心理。他知道谁都想“赶上别人”，至少是分到自己的一杯羹。你头脑中这种对比的想法和晚饭餐桌上不可避免的聊天都是华尔街计划的一部分。他们知道你的兄弟肯定只会告诉你他最赚钱的投资，却对所选择的那些糟糕股票避而不谈。这会让你觉得你还远远没有得到你应得的利润。

位于麦迪逊大道的华尔街的金融市场合伙人是运用此种方法的专家。他们会兜售最近的孵化基金的惊人表现。“过去3年中你的投资能够达到35%的收益吗？完美资本增长基金（Perfect Capital Growth Fund）就能达到。谁在替你管理资金呢？赶快把你的基金经理炒了，到我们这里来吧，我们的股票挑选人肯定比你现在的经纪人强得多。如果不赶快行动你肯定会错过好机会。”华尔街总会宣称运用他们的策略就能超过市场平均表现——前提是你要采用他们的策略。

华尔街公司会冲淡甚至故意混淆投资者心目中关于可能性和或然性的概念，以便让投资者对他们更为依赖。我再次强调，市场确实会下跌，而且有可能在底部停滞一段时间。但是事实证明，市场并不会经常这样。自大萧条以来，标准普尔 500 指数只有一次持续 3 年的下跌，而在最近的 67 年中有 52 年在盈利（接近 80% 的时间）。

与此相反，我想说的是你不仅有可能在牛市中分一杯羹，只要采用特殊的多样化投资策略就可以在熊市中轻松避免严重损失，而且这种情况会经常出现。你可以在市场周期的上下波动中保持乐观期望。但是你必须确定你的投资策略在市场任何情况下都比较稳固，你必须了解可能性和或然性的区别。否则，你可能会被其弄得发疯。

如何才能准确理解两者的不同呢？抓住事实！如果你能理解自由资本市场的历史事实，你就可以更好地辨别甚至揭穿金融服务者、大众媒体和政治家所虚构的故事。以下几点可以给你提供较好的基础信息，让你可以更好地理解市场：

- 股市 80% 的时间都处于牛市中。
- 在保持购买力方面，股票比债券更安全——这是唯一有重要意义的指标，因为它包含了本金和通胀因素。自 1926 年以来，股票的年均真实回报率（按照 2008 年税率扣税后）比债券高 6 个百分点。
- 自 1960 年以来已经出现过 7 次衰退情况，但是每次平均只持续了 9 个月。
- 股市有很大的弹性：“9·11”恐怖袭击事件过后，道琼斯工业平均指数只用了59天就回归到了2001年9月11日的水平。

- 在标准普尔500指数从1970年1月到2007年12月的38年（13 879天）中，如果你错过了表现最好的25天，你的年均收益可能会降低3.15个百分点。

即使投资者真正理解了这些事实，可能还是有人会问："1930年的灾难再次发生的可能性有多大？如果真的又发生了，我们如何保证资产的安全呢？"毕竟，2008年的情况显示出有这种可能性。媒体也针对20世纪30年代和2008年的情况的相似性做了很多分析。但是我们真正要考虑的是两者之间的不同之处。

比如，在大萧条期间没有联邦存款保险公司（FDIC）为银行储蓄担保，也没有证券投资者保护公司（SIPC）保障经纪人（保管人）账户的安全。1929—1930年，超过1 300家银行被关闭，这些银行的存款都荡然无存。另外，20世纪30年代的失业率达到了25%。目前的失业率处于7%~8%之间。考虑到未就业的人群中有1%~2%是能够就业但是本身不愿意工作的，所以很多经济学家认为4%~5%的失业率可以认为是完全就业。失业率几乎可以肯定还会上升，但是也肯定不可能达到大萧条时的情况。最后，大萧条时期GDP减少了三分之一，但是预计本次出现这种情况的可能性非常小。

现在我们来回答上面问题的第二部分。假设"小鸡总动员"（Chicken Little）的故事变成真的，20世纪30年代的灾难真的再次降临，那又能怎么样呢？在高强度的经济危机中，你如何实现自我保护呢？可以通过"保险"的手段来实现。我们现在有汽车险、家庭险、健康险、人寿险、个人责任险，甚至诉讼保险，保险业创立的目的就是当我们生活中出现不可预见的灾难时给予保护。

投资组合计划中也应该具有这种预见性。合理的多样化配置就等于对自有资本市场可能出现的问题买了保险。事实上，在投资组合中持有 10 000~13 000 只证券（包括股票和债券）就可以有效地降低或分散风险。我们称这种降低风险的方法为“超级分散法”（superdiversification）。

现在这种形式的超级分散法还无法使用，但是值得注意的一点是，自 1930 年大萧条出现之后的 5 年（1931—1935）中，每种主要资产类别均实现了正年均收益。排在第一位的美国小盘成长型公司的 5 年期收益达到了 26.2%。即使在美国历史上最严重的危机下，市场也能恢复。尤其是较小的公司，在创新性的驱使下恢复得最快。

你一定可以成功！这并不是简简单单的存在可能性，而是相对有保障的，并且有很大的或然性——只要你能避开华尔街那些所谓的窍门，以及聪明的感性市场计划，并采用简单的超级分散策略。我很乐于告诉你，只要你能尽量分散投资组合，你的盈利就将不可抵挡。只要坚持关注市场事实并且采用分散策略，你就肯定能成功。

市场波动性

市场波动性是一个令听众经常产生疑问和焦虑的话题。所以，我做了多期节目来讨论它，很多访谈也曾经直接或间接地涉及这个话题。我相信，关于波动性的问题，投资者产生了很多不应有的疑问和焦虑。因此，我想再次解释一下市场波动性的含义。

每当市场下跌时，就会出现“专家”所谓的观察和评论，称市场波动性加大，危险增强。在很多词典中，“波动性”（volatility）

一词的第一个解释就是：不稳定，潜在的危险性；可能突然急剧波动或变得危险。因而这个词在人们心目中就造成了贬义的印象。但是我认为在投资中，这个词和“风险”一样，都是中性的而不是贬义的。事实上，我们可以用一个更好一点的词来代替它——多变性（variability）。由于经济学家和市场都会不停变化，投资者的投资组合中也应该考虑多变性的因素。这是市场运行和增长的正常的一部分。

数据可以很好地说明这一点。在列举数据前，我想强调一下市场的三个基本但是非常重要的特点。

- **自由市场的作用。**有效市场假说支持这样一种观点：只要所有关于证券的信息在任何时间和情况下都对公众公开，它的价格就是合理的。市场是将数以百万的机构（投资者、经纪人等）和其间每天发生的数以十亿计的交易活动组织起来的最好的方式。这种体系是当今市场价值最好的评估体系。
- **风险和收益是相关联的。**简单地说，没有风险就没有收益。你的投资策略所依赖的研究和模型必须能够识别风险和回报之间的关系。
- **多样化是市场的基本原则。**投资必须考虑所有的资产类别而不应该仅仅盯着市场走势、个别证券或是市场指数板块等。投资组合要包含数千种证券（而不是几十或上百种），这样在结构上才能综合涵盖各种资产类别。

市场的情况是不是在某些时候相对更加不稳定呢？下跌的时候是不是比牛市更加难以预测，所以更加危险呢？表4—1显示了标准普尔500指数从1990—2008年的月收益情况。其中灰色阴影区域表示的是上涨或下跌超过 6% 的月份。期间共有 20 个月的上涨达到或超过了 6%，另外 17 个月下跌达到或超过了 36%，但是更有意思的是，从 2003 年 5 月至 2007 年 12 月（52 个月）中没有出现一个阴影区域。

表 4—1　1990 年 1 月至 2008 年 12 月标准普尔 500 指数每月盈利

年份	年回报率（%）	1 月	2 月	3 月	4 月	5 月	6 月	7 月	8 月	9 月	10 月	11 月	12 月
1990	−3.1	−6.70	1.30	2.70	−2.50	9.80	−0.70	−0.30	−9.00	−4.90	−0.10	6.50	2.80
1991	30.5	4.40	7.20	2.40	0.20	4.30	−4.60	4.70	2.40	−1.70	1.30	4.00	11.40
1992	7.6	−1.90	1.30	−1.90	2.90	0.50	−1.50	4.10	−2.00	1.20	0.30	3.40	1.20
1993	10.1	0.80	1.40	2.10	−2.40	2.70	0.30	−0.40	3.80	−0.80	2.10	−1.00	1.20
1994	1.3	3.40	−2.70	−4.40	1.30	1.60	−2.50	3.30	4.10	−2.40	2.20	−3.60	1.50
1995	37.6	2.60	3.90	3.00	2.90	4.00	2.30	3.30	0.30	4.20	−0.40	4.40	1.90
1996	23.0	3.40	0.90	1.00	1.50	2.60	0.40	−4.40	2.10	5.60	2.80	7.60	−2.00
1997	33.4	6.20	0.80	−4.10	6.00	6.10	4.50	8.00	−5.60	5.50	−3.30	4.60	1.70
1998	28.6	1.10	7.20	5.10	1.00	−1.70	4.10	−1.10	−14.50	6.40	8.10	6.10	5.80
1999	21.0	4.20	−3.10	4.00	3.90	−2.40	5.60	−3.10	−0.50	−2.70	6.30	2.00	5.90
2000	−9.1	−5.00	−1.90	9.80	−3.00	−2.10	2.50	−1.60	6.20	−5.30	−0.40	−7.90	0.50
2001	−11.9	3.50	−9.10	−6.30	7.80	0.70	−2.40	−1.00	−6.30	−8.10	1.90	7.70	0.90
2002	−22.1	−1.50	−1.90	3.80	−6.10	−0.70	−7.10	−7.80	0.70	−10.90	8.80	5.90	−5.90
2003	28.7	−2.60	−1.50	1.00	8.20	5.30	1.30	1.80	2.00	−1.10	5.70	0.90	5.20
2004	10.9	1.80	1.40	−1.50	−1.60	1.40	1.90	−3.30	0.40	1.10	1.50	4.00	3.40
2005	4.9	−2.40	2.10	−1.80	−1.90	3.20	0.10	3.70	−0.90	0.80	−1.70	3.80	0.00
2006	15.8	2.60	0.30	1.20	1.30	−2.90	0.10	0.60	2.40	2.60	3.30	1.90	1.40
2007	5.5	4.50	−2.00	1.10	4.40	3.50	−1.70	−3.10	1.50	3.70	1.60	−4.20	−0.70
2008	−37.0	−6.00	−3.25	−0.43	4.87	1.30	−8.43	−0.84	1.45	−8.91	−16.80	−7.18	1.06

注：阴影部分表示的是月盈利大于等于 6%（共 20 个阴影区域）或月盈利小于等于 −6%（共 17 个区域）。

在这段将近 5 年的时间中，虽然市场表现相当平稳，但是依然有一些财经头条和财经小报在宣扬股市的波动性。请记住，华尔街尤其喜欢谈论市场的波动性，他们会抓住一切机会来进行宣传，因为他们的目的就是让你觉得害怕然后马上进行交易；财经媒体也喜欢宣传市场的波动性，因为这样你就会因为害怕从而在他们的广告客户处购买股票。即使市场相当稳定，华尔街和主流媒体也会特别愿意散播市场波动的言论（不稳定且潜藏危险）。你有多长时间没有听到公司兜售“稳定的”投资品了？又有多长时间没有听到金融分析人员让你别担心市场波动性了？

作为投资者，你不仅应该盼望看到波动（即多变性），而且我建议你祈祷波动早点来临。在现实生活中，大跌的年份可能有某个月会大涨（2002年，标准普尔500指数年度收益为-22%，但是仅10月份就上涨了将近9%）；大涨的年份中也可能有某个月会大跌（1998年的年度收益为28%，但是8月份却下跌了14%）。风险会驱动预期收益。作为投资者，如果不承担任何风险（或波动），我们不可能轻松享受无风险回报的风险收益（短期国库券）。回报不是免费的午餐。有些时候（可能是很长的时间），永久性偏见会诱导你放弃投资，全部套现，你必须坚持原来的策略，因为这是市场的要求。在这项被称为“投资”的事业中，唯一会导致失败的就是对自由市场和其中数十亿的人失去信心。

我们希望市场能够对新信息有所回应，时机和市场走势都是不可预测的，也没有固定形式（除了长期上涨的走势）。表4—1也证明了这一点。其中虽然有从2003—2007年的52个月的异常稳定行情，但是也出现过完全相反的情况。2008年即是典型的一例，这一年的波动和损失让对市场运行不太了解的人充满了疑虑。

任何资产类别中的风险收益都来得非常快，投资者如果错过这些转瞬即逝的时机，就会错过很多回报。有时候一个月的收益可能比其他几个月的都多。请珍惜市场的变化吧（即投资组合的波动性）。

和丹尼尔·格罗斯一起打破泡沫心理

每个时代都会出现让人难以忘记的经济衰退，但是艾伦·格林斯潘（Alan Greenspan）提出“非理性繁荣”（irrational exuberance）之后，它就成了股市高价现象的代名词。认为股市中存在泡沫的想法会引起恐慌。很多人还记得格林斯潘讲话之后出现的互联网泡沫崩盘，以及互联网公司的严重损失对目前称为“非理性预期”（irrational expectations）的现象造成的影响。

媒体经常出现关于“市场中可能存在泡沫”的讨论。互联网泡沫之后又出现了房地产繁荣和 2008 年的危机。我们也一直在寻找世界经济中下一个可能出现过分膨胀的地方：石油领域还是消费者债务领域？在之前的经济衰退之后，市场恢复得都非常快，但是同时也应该看到在标准普尔 500 指数的历史上，10 个最大单日波动中有 9 个都是下跌的。这些突然的大跌自然会让投资者很紧张，他们会问：应该采取什么措施来避免资产一夜之间变得荡然无存呢？现在，如果你仔细研究这 9 个大跌日，你会发现一些更有趣的现象。9 个大跌日到当年年底的平均时间是 148 天，而这些时段的平均收益为 7.5%。当泡沫造成的恐慌慢慢渗透到你的投资决定中，错误的进入或退出的行为经常会对投资造成更坏的影响。

我在“投资革命”节目中曾经采访过丹尼尔·格罗斯，以了解他对市场泡沫的独特见解。格罗斯是一位历史学家，也是《新闻周刊》杂志的专栏作家，同时有多本著作，包括《大泡沫：为什么金融、房地产、互联网能源泡沫对经济有益》（*Pop! Why Bubbles Are Great for the Economy*）一书。格罗斯也承认遭受损失不是一件让人高兴的事，但他同时指出了市场的上下波动对经济的一些积极贡献。他的书中提出的一个最著名的概念就是，对于每次泡沫，其破裂之后都会对社会物质和精神基础建设做出一定贡献。格罗斯回顾了早期的几次泡沫现象来证明这一点。

格罗斯首先讨论了19世纪中期席卷全国的电信风暴。在这之前，信息只能以人力的方式传递，非常缓慢。这一新兴技术让投资者大为兴奋，他们对此倾注了大量资金。同时，能源公司像儿童在生日宴会上喷彩带一样疯狂架设电线。值得注意的是，很多企业家和公司因此破产，但是他们已经成功地让电线遍布全国了。当时热衷于这一新思想和创意的风险投资家成功地为国家创建了新的基础设施。从此，西联汇款（Western Union）和美联社（Associated Press）等公司才在这些已有硬件的基础上慢慢发展起来。

格罗斯进一步解释说，正当电报线将全国连接起来的时候，铁路系统也逐渐受到人们的重视。当人们意识到其对出行和货运的巨大潜力远远超出他们之前的小圈子时，铁路就开始繁荣起来。典型的泡沫现象是，随着投资者疯狂涌入，国家无法支持快速涌现的建设施工和快速成立的新公司。铁路泡沫让人们开始以新的方式思考：从前商人的辐射范围只限于商店或家庭周围几公里的地方，现在他们可以通过几公里之内的火车站到达全国各个地方。这种基础思维方式的改变逐渐由一个地方蔓延到全国。此时任何可能性都像铁路线一样可以无限扩展，没有尽头。

最近的科技泡沫再次形成了新的基础设施和新的思维方式。在2000—2002年间的熊市中，很多公司和个人破产，但是正是在技术领域的刺激下，美国现在才有了光纤电缆等硬件设施和新的思维方式。社会上也开始把互联网当成商业和个人资源。也就是说，科技泡沫虽然破裂了，但是却给谷歌和雅虎等公司提供了宝贵资源，并促进其迅速成功。泡沫的破裂并没有把那些失败的公司创造的基础设施扫除一空。

是的，经济泡沫有时确实有巨大的破坏力，但是其对经济也有积极的作用。自由资本市场的弹性是阻挡经济泡沫的破坏力的主要因素。以一笔纯股票投资为例，表 4—2 显示了 2000—2007 年这段时间内，最近的经济泡沫破裂后经济弹性的情况。

表 4—2　　2000—2007 年纯股票投资资产组合收益率

年份	纯股票投资资产组合收益率（%）
2000	−4.9
2001	1.5
2002	−14.8
2003	50.1
2004	23.9
2005	11.7
2006	24.7

请注意，在 2000—2002 年间，经济下跌了 14.8%，但是在接下来的 4 年中却回升了 110.4%。如果你真的能准确预测到科技泡沫会崩溃，你当然就可以避免其带来的严重损失。但是 2003 年你会重新进入市场吗？遭受了如此严重的损失后你还有胆量抓住机会及时入市吗？如果你稍一犹豫，又会错过多少恢复的时机呢？如果你真的理解了市场周期运行的特点，坚持原来的投资策略不变，你就可以不用考虑这些麻烦的决定。

你必须足够仔细，同时掌握足够的信息，以便能充分利用经济周期和市场泡沫中的有利条件。我们应该庆幸，因为我们现在的经济结构就像蜈蚣一样，有很多支撑点。它可能经常出现问题，但是它分布面广，有足够多的支撑点，从而保证不会真正趴下。市场泡沫是典型的和成功的市场周期的一部分，也是国内外经济增长和前行的必要部分，同时也是我们个人投资得以成功的一部分。

泡沫不会消失，但是这并不是说伴随其中的焦虑和恐惧也会一直存在！

罗伯特·萨缪尔森和衰退的森林火灾

新闻头条中经常出现的关于经济衰退的信息是不是会让你紧张不安？别担心，很多人都这样！在市场运行的困难时期，投资者经常会考虑将资金投于“更安全”的避风港。这种行为很正常，因为我们每个人都想避免损失。

我们可以把经济衰退或下跌比作一场森林火灾。这乍一听有些奇怪，但请仔细考虑一下。你还记得你第一次驾车通过森林时的情景吗？我想大部分人都是开着家里的旅行车，把车窗摇下来，享受着山间清新的空气。我想你肯定还记得防火伙伴护林熊（Smokey the Bear）那些标志性特征。他经常会发出同样的信息：“只有你才能预防森林火灾。”预防火灾是国家森林公园护林人的首要职责。但是在美国 16 187 平方公里的土地上，平均每年还要发生超过 100 000 次的野外火灾。所以，不管我们如何努力，森林火灾仍旧难以避免。不过，森林火灾环境也有一些有利的方面。草木灰会让土壤更肥沃，有些植物经过大火后才能繁荣生长。比如，黑松树的球果就必须在高温下才能释放出其中的种子。一些非常漂亮的树木，比如红杉和花旗松，都是在非常开阔的地方——比如大火烧过的地方，才能长得非常漂亮。

这和经济中的情况一样。我们尽一切努力来避免经济衰退，美联储的首要任务也是减少经济低迷。经济通常还是个政治问题，而且在选举中还经常受到最多的关注，因为政治家们都知道最终选民的出发点都是他们的钱夹子。然而，经济衰退不可避免。正如火灾难以避免一样，这一事实无法改变。不过跟森林火灾一样，经济衰退中也蕴藏着好的方面。

关键问题是保持冷静，遵守投资规则。和之前一样，一切都会再次好转。如果因为经济衰退而恐慌并做出过激反应，你的行为肯定只会雪上加霜。

为了支持这一观点，2007 年 7 月，我邀请了罗伯特·萨缪尔森来到“投资革命”节目中。萨缪尔森来自纽约，并在哈佛接受教育，现在是《新闻周刊》和《华盛顿邮报》的特约编辑。他的书中经常提到的一个话题就是，社会保障和政治家在处理他和其他人都坚信将来必然要发生的问题时的不情愿。萨缪尔森在任何选举中都不参与投票（不管是国家的、州的或是地方的），因为他相信投票将妨碍他作为新闻人员的公正性。我很钦佩他这种避免被偏见所影响而做出努力的行为，现在能坚持这样做的人已经很少了。在节目中，我们讨论了他曾为《新闻周刊》写的一篇文章《经济衰退的优势》（*The Upside of Recessions*）。

由于我的生日正好在萨缪尔森来参加节目的那一周，所以我的研究导师和长期以来的主持搭档兰斯·奥尔斯顿（Lance Alston）给了我一个惊喜。他准备了从我出生之年——1960 年以来所有关于美国经济衰退的数据。在萨缪尔森来之前我们做舞台准备的时候，兰斯告诉我和所有观众，道琼斯指数当年年底的点数为 593 点，47 年后的点数是 13 264.5 点（难以置信的是，在这 47 年中即使平均增长率只有 6.83%，它也将达到 295 975 点）。兰斯同时介绍道，自从 1960 年以来一共出现了 7 次经济衰退，我大学毕业以后出现过两次，即 1990 年和 2001 年（为准确起见，在大多数经济周期中，经济衰退是指按照 GDP 计算，经济连续两个季度出现负增长）。

兰斯告诉我们，经济衰退的平均持续时间只有 9 个月，也就是说，我的一生中大约有 12%~14% 的时间处于经济衰退期（如果你想想媒体用来讨论经济中的负面新闻所花费的时间，这个比例并不算大）。事实是平均每 7~8 年中才会出现 1 年的经济衰退，特别是考虑到经济本身也需要这种重组时间以便能走得更远时，这一事实完全可以接受。如果经济成功和繁荣从来没有受到过威胁，那么人人都会变得自满。同时，我要告诉你，经济从顶峰到收缩和衰退，从低潮到繁荣和扩张的周期性过程，与生命的周期一样都是再正常不过的事情。

萨缪尔森就偶尔经济低迷为什么对整个经济具有建设性的作用解释了两点。首先，经济低迷可以降低通货膨胀，使其保持在可控范围内；其次，经济衰退能够提醒商人和投资家商业活动中潜藏的风险。如果我们向所有人保证再也不会出现经济低迷——这是个不可能给予的保证，但是他们有时候就是会相信，那么他们就会做出错误的投资决定。所谓错误决定是指公司和个人没有多加考虑的、愚蠢的投资决定。衰退会造成社会损失——利润降低、失业增加、收入减少等，谁都不愿意看到这样的情景，所以我们一直认为经济衰退一无是处，但是事实上衰退确实会带来长期的积极影响。

证券市场对于经济衰退更为敏感，一般在这些市场出现 4~6 个月的低迷之后，整个经济增长才开始减速。同样，当股市触底了以后，又会提前于经济出现反弹。另一个有趣的事实是，股市的反弹一般会比整个经济的复苏提前 7 个月。

图 4—1 显示了以标准普尔 500 指数为代表的股市和典型经济周期的曲线。你可以想象得到，如果股市和宏观经济运行的步调不一致，那么按照宏观经济数据进行投资就非常困难。如果你按照经济指标来决定何时进入股市，你肯定会错过机会。依靠预测市场时机的投资者经常会出现低买高卖的情况，因为即使你掌握最及时准确的数据（这是不大可能的），以便准确预测市场走势，你也必须两次都正确。你必须准确预测出现实的情况和重新进场的时机。这种不完美的方法经常会招致损失。确实，离开市场可以带来几天的放松，至少是心理上的放松，但是这种放松之后随之而来的就是何时重新进入的烦恼，以及意识到错过年度最好时机的失望。最好的重新进入时机只是人们的猜测罢了。

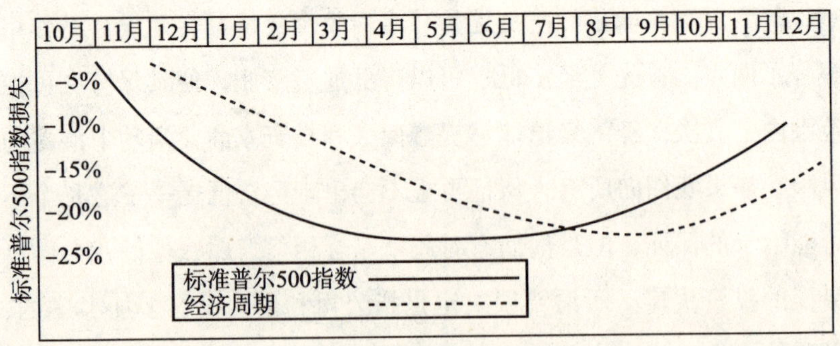

图 4—1　衰退：以历史为依据，假定衰退从 1 月 1 日开始

注：衰退的平均时长为 10 个月，在此期间，标准普尔 500 指数平均损失为 20.21%。通常来说，衰退期的最后 4 个月会有巨大的市场收益，而恢复期的前 4 个月里市场恐惧会上升。

表4—3显示了1973年以来所有经济衰退期最后4个月股市出现的令人难以置信的增长，同时你也可以看到衰退之后最初4个月的平均增长情况。数据本身就可以说明问题。鉴于这些数据所反映的情况，我们提醒你不要做出让自己后悔的错误决定。股市跳水时（不管多深）就马上逃离市场是投资者最不应该做的事情，坚持到底经常是正确的策略。市场一旦好转就非常迅速。最大的收获经常就出现在几天之内。投资者都倾向于认为市场随着时间慢慢增长，但是历史给出的结果却是情况一旦好转，市场就飞速上涨。

表4—3　　1973年以来衰退期最后4个月的股市表现

	资产类别的平均收益（%）		
	大盘股	小盘股	微盘股
衰退期的最后4个月	22.96	36.09	32.57
衰退期的最后4个月至恢复期的前4个月	35.93	53.97	54.12

经济衰退期是停下来反思自己的投资行为的良好时机。你是否仅仅看重世界上那些只热衷于追求利润，而置经济衰退和长远发展等一切于不顾的公司呢？请牢记，困难时期更需要改革和创造力来解决问题，这是每个处于经济衰退期的公司都应该做的事情。关注自己的未来，做出改进的决定并付诸行动以避免出现同样的困难的公司才能走得更远。生存所需要的是智慧、梦想、成长的计划，以及改进产品和服务的行动。这才是新的收入和利润的来源。单一的成功会让我们养尊处优，不思进取。在糟糕的经济环境中，随着困难逐渐得到克服，公司增长的潜力也得到加强。就像严冬之后就是春天，森林毁灭之后伴随着新的成长一样，衰退之后必然会出现经济增长和繁荣。

在自由的思想和企业所支配的创新、坚持和持续的信心下，没有扑不灭的经济大火。古罗马诗人贺拉斯（Horace）曾经说过："苦难显才华，好运隐天资。"难怪他能创造出另外一个得到广泛使用的词语：及时行乐。

抓住市场的最好时间就是——今天。

低价卖出，高价大哭

2007 年，国内外股市一连串的胜利还在持续，事实上这已经持续了 5 年。但是由于当时媒体对于经济不明朗情况的宣传和随之而来的 2008 年市场的骚乱，你可能已经忘记了市场这一段时间所取得的成就。更严重的是，很多个人投资者错过了只有不太主动的投资者才得以享受的这 5 年期间两位数的收益。根据记录，以标准普尔 500 指数为代表的美国股市 2007 年的收益率为 5.49%，以摩根士丹利欧澳远东指数为代表的国际市场的收益率为 11.63%。

但是认为前景不妙的人的情况又如何呢？连续 5 年的增长数字已经算是不小的影响了，但是 2008 年的困难来临后才算是到了顶峰。一直以来我最喜欢的一首诗是鲁德亚德·吉卜林（Rudyard Kipling）的《如果》(*If*)，你可能还记得其开头和结尾的著名诗句"如果所有人都失去理智，咒骂你，你仍能保持头脑清醒 / 你就可以拥有一个世界，这个世界的一切都是你的。"换言之，你才能控制你的命运。

投资也是我们生活的一部分，它经常会让我们失控。但是在生活的很多其他方面，无知和错误信息会带来恐惧。所以请听我一言，保持信心，因为未来几十年的资本市场中还有很多成功的岁月等待着你。

如果你曾经听过我们的节目，你肯定会注意到我有时候会说："让我们为坏年月祈祷吧。"我这么说多少有点戏谑的味道，但同时也是因为我理解了市场周期的规律。数据显示市场经历衰退时期之后——即使是严重下跌，随之而来的牛市也几乎不可避免。自大萧条以来，标准普尔500指数还没有出现过连续4年的下跌。

如果你和大多数美国投资者一样，你肯定没多大耐心。如果看到你的投资的月度指标已经连续下跌2个、3个甚至4个月，你肯定会非常紧张。所以，即便简化的市场年度下跌数据非常清楚，我也想看看这种简化的下跌数据是否也适用于月度数据。

我的分析集中于1990年至2007年12月三个领域的月度数据情况：

- 标准普尔500指数。
- 先锋小盘指数基金。
- 80%股票类资产组合模型（ACP）。

在这18年中，标准普尔500指数只有4年为负增长。月份增长情况的分析结果也很有意思。比如，标准普尔500指数在2008年10月大跌了20.8%。你能想象自己的投资组合在短短30天内价值缩水如此之多吗？你是否会马上离开呢？

如果你的神经忍受不了，在9月1日卖掉了股票，你不仅会损失原来的14.5%，还会错过当年后4个月26.4%的增长。哎呀！这就意味着你的真正损失和机会损失超过了 40%。由于没有耐心和对股市波动性缺乏认识，使得这种短期损失变得更加严重。我把这称为“低价卖出，高价大哭现象”。在股票价格下跌时廉价卖出，其后价格上涨时再买入，这种“卖主的懊悔”实在应该避免。

在对代表美国小盘股情况的先锋小盘指数的研究中，发现了相似的情形。2006 年——所有人都认为这对整个市场而言是个重要的年份，4~6 月，该指数下跌了 8.05%。在之后的 4 个月中又上涨了 11.44%。同样，如果你无法承受下跌而在 8 月 1 日卖出了股票，那你的命运就只能是两位数的损失。

最后我分析了超级分散的 80% 股票组合模型的情况。超级分散法是我一直推崇的一个理念，也是“投资革命”节目的一个重要认识。不出所料，这种低风险组合的月度波动情况要小得多。事实上，在 1995—2007 年的所有月份中，只有 3% 的月份其下跌幅度达到或超过了 5%（ACP 创立于 1995 年）。

相比较而言，标准普尔 500 指数有 7% 的月份损失达到或超过 5%，而先锋小型股指数这一比例为近 12%。这些统计数据本身就可以说明，合适的分散化投资对于资产价值的稳定性的作用。让人吃惊的月份当然也有，如 1998 年 8 月，即使是覆盖最广的 80% 股票指数的损失也达到了 12.8%，但是接下来的 9 月份至 12 月 31 日期间却又上涨了 15.9%。

数据分析中还有一个有趣的现象。在分析这 18 年中所有月份的数据时，标准普尔 500 指数只有一次连续下跌 5 个月的情况。在这一路下跌的过程中（1990 年 6~10 月），标准普尔 500 指数下跌了

15.3%。但是，没有一次连续 6 个月下跌的情况。而且在这次连续 5 个月下跌之后的 5 个月（1990 年 11 月至 1991 年 3 月）中，该指数上涨了 23.3%。

我知道当处于市场风暴中时，你很难接受这些事实，但是同样的事实是股市不会特别长时间地下跌并保持在低点。不管是几十年，几年或是几个月，微观和宏观的经济周期都会为自由市场虔诚的参与者带来丰硕的成果。

“这次不同”，投资中最危险的 4 个字

2008 年春，贝尔斯登公司倒闭之后，美联储组织了一次重要的周末会议，会议结束后我接到了一个来自全国性媒体的记者的电话。这次交谈足足持续了 20 分钟，对于一次采访来说时间非常长。这位记者询问我，在这件事之后的异常环境中，是否注意到投资者们有巨大的不安情绪。

我回应道，我没有发现异常情况。交谈将近结束时，我对我的想法做了总结：“我认为这只是一个传说中的著名公司，做了一个错误决定（提供次级房贷）并为此付出代价。这和其他行业的公司管理人做出错误决定时的情况一样。”

贝尔斯登公司倒闭后的几周中，接连有大的金融公司出现困难：房利美（Fannie Mae）和房地美（Freddie Mac）被美国政府接管；历史悠久的雷曼兄弟宣布破产；华尔街大亨美林公司被出售给美国银行；华盛顿互惠银行（Washington Mutual）被摩根大通吞并；美国国际集团——美国最大的保险公司，只能以把 80% 的股票抵押给美

国政府的方式寻求援助；更让人不可思议的是，花旗集团寻求紧急援助并最终解体。到2009年4月，用于救助公司所花费的纳税人的钱已超过1万亿美元。

杰里米·西格尔在2008年9月中旬为《华尔街日报》所写的一篇题目为“美国金融业的适应力”（*The Resilience of American Finance*）的文章中说得非常好：“我很惊讶那些能够挺过大萧条时期的公司，却在这场经济学家甚至还不认为是衰退的危机中折戟沉沙。但他们的崩溃并不是因为对金融服务的需求不足，而是由于管理层不愿了解和直面投资的风险。玩家的名字会变，但金融服务业未来增长的前景却是肯定的。”

当看到贝尔斯登的倒闭和市场中的其他事情时，我就如看到生活中的常事一样。比如，变化。面对世界上历史最悠久、最有名的金融机构在一夜之间灰飞烟灭这样的事件，你如何才能保持信心，相信变化通常是好的事情呢？我妈妈以前经常说，“对于小事的担心会形成大阴影。”缓解这样的事情带来的压力，最关键的办法就是要理解并坚信，时间经常会照顾那些投入到自由市场的资金。

比如，如果你自己研究标准普尔500指数在过去82年中的表现，你很容易发现在市场中，消极下跌的时候非常少，大部分时间还是积极上涨的。也就是说，长期来看是处于上升趋势的。如图4—2所示，从任何5年的滚动时间段来看，有86%的时间是处于正增长的。如果按照10年或15年的滚动时间段来分析，有95%~100%的时间是处于正增长的。

而且，自大萧条（1929—1932年）以来，标准普尔500指数还没有出现过连续4年下跌的现象。最近的一次连续3年下跌的情况出现在2000—2002年。但是，正像钟表指针的循环一样，2003年市场就增长了28.7%，而且随后出现了连续4年的正增长（2004—2007年）。

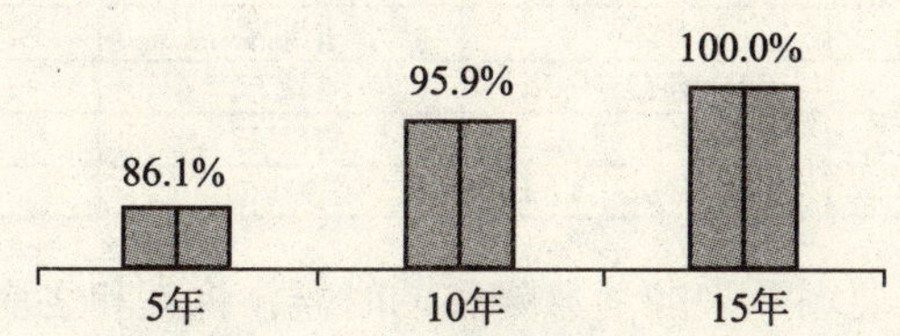

图4—2 标准普尔500指数的稳定时期（1926—2007）

分析这些惊人的业绩记录的同时，请考虑一下自20世纪20年代以来发生的事件：第二次世界大战、朝鲜战争、人造地球卫星的发射、古巴导弹危机、肯尼迪总统遭暗杀、越南战争、尼克松总统辞职、恶性通货膨胀、伊朗人质事件、石油禁运、黑色星期一、波斯湾战争、克林顿总统遭弹劾、“9·11”恐怖袭击，以及伊拉克战争。

另外，还有一个事实是，这些事件中有三个给美国民众的心理和股市产生了异常突然和震惊的重创。一个残暴的国家为了寻求对全球的控制而对珍珠港发动了突然袭击；在反政府思想的驱使下，一个孤僻的枪手对肯尼迪总统采取了暗杀；与任何主权政府都没有关系的恐怖组织，向纽约和华盛顿发动了“9·11”袭击。

这些事件各有不同，但是都威胁到了社会安定，特别是珍珠港事件，它几乎威胁到了社会的存在。这些事件都对股市造成了负面影响。表4—4显示了道琼斯工业平均指数恢复到事件之前的水平分别需要的时间。可以看出，随着越来越多的日常经济因素逐渐得到控制并克服了负面影响，这些事件的恢复时间都相对不长。这表明资本市场即使在非常恶劣的环境中，也有很强的适应性。

表 4—4　　道琼斯工业平均指数恢复到事件之前的水平

事件	时间	道指收盘点	恢复时间（天）
珍珠港事件	1941 年 12 月 7 日	112.52	334
肯尼迪总统遭暗杀	1963 年 11 月 22 日	711.49	4
“9·11”事件	2001 年 9 月 11 日	8 920.70	59

下次当天要塌下来的消息降临的时候，将其和之前可怕的日子对比一下，并问问你自己：“这个消息难道比之前的事件还可怕吗？”即使你的答案是肯定的（希望不会如此），我们也有充分的理由相信自由市场完全可以应对。

THE INVESTING REVOLUTIONARIES 小结

著名的投资先驱、慈善家约翰·邓普顿爵士（Sir John Templeton）曾经说过："投资中最危险的4个字是'这次不同'"。他说的非常对！市场变化的原因可能和之前不同——可能是次级抵押贷款而非战争，或某一主要银行的失误，亦或是总统的健康问题，但是最终的结果都一样。从世界范围来看，自由市场处于扩张之中，而且没有停止的时候。市场会出现泡沫并最终破裂，经济会衰退，但最终由于创新，经济必然会再次繁荣。世界进程中总会出现危机，像"9·11"事件或2008年的金融危机，还会产生很深的影响。但是如果你能看远一点，你会兴奋地发现，等待真正理解市场的投资者就是成功，伟大的成功。

第5章 越专业也许越失败：投资的悖论

THE INVESTING REVOLUTIONARIES

How the World's Greatest Investors Take on Wall Street and Win in Any Market

约翰·洛克伦
BellaOnline网站编辑

承认你并非无所不知是勇敢的标志，
而非软弱的表现。

我在很小的时候就认识到，每个人都不是全能全知的，只是知晓的领域不同而已。所以10多年来，我一直坚持按照从华尔街著名经纪人事务所的操盘手中学到的投资原则进行投资。对于投资者来说，经济预测看起来非常合理，也非常重要。经纪人的工作就是选择投资对象和投资时机。主流教科书还会告诉我们，在经济运行较好的时期，要敢于做债券投机或在某些方面放手一搏；而在经济衰退期，则要套现或是投资于贵金属等。我从多年的经验中得出结论，事实上一个人学得越多，知道的就越少。这可能让某些人感到羞愧，但从另一个角度来看，却是令人兴奋的，因为越专业也许越失败。如果我们真的已经懂得了一切（就像我们18岁的时候所认为的那样），那么我们余下的生命还有什么意义呢？本章包括几个主题，我想大家会喜欢这些内容的，同时希望这些内容能给大家带来一些快乐。

为什么股票仍然比债券更安全

尼克·默里（Nick Murray）是金融服务领域里伟大的思想家之一。他的一些精彩文章及其著作《简单的财富，必然的财富》（*Simple Wealth, Inevitable Wealth*）让我形成了一个观点，那就是：所有的投资者都应该认真地研究金钱和投资。默里的一个简单且深刻的原则就是，投资者的长期目标应该是保有购买力，而不是像很多人想当然地那样去保有本金。

迄今为止，股票是最快捷有效的、克服通货膨胀所带来的负面作用的方法。图 5—1 显示了过去 83 年中，一些主要资产类别的年复合收益率。可以看出，债券的年平均收益率仅是股票年平均收益率的一半多一点，所以，投资股票具有明显的优势。

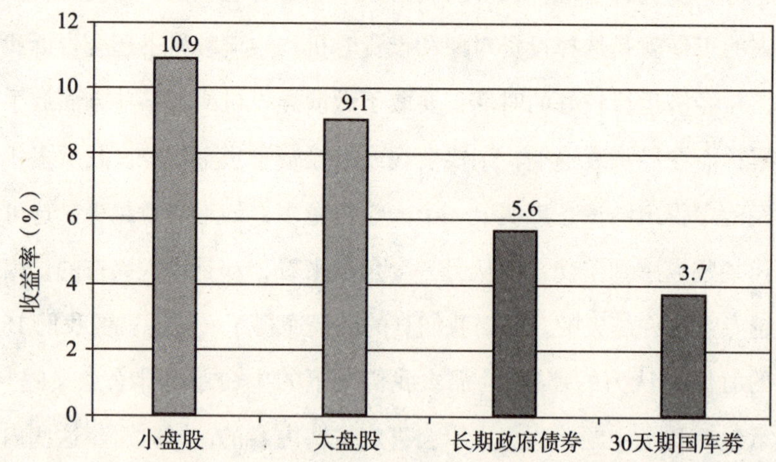

图 5—1　1926—2008 年的年平均收益率

如果考虑通货膨胀的因素，两者差距会更大。这就是所谓的实际收益率。在这段时间内，平均通货膨胀率大约为 3.1%，股票的实际收益率大约是债券收益的 2~3 倍，有的甚至达到 4 倍之多，如图 5—2 所示。

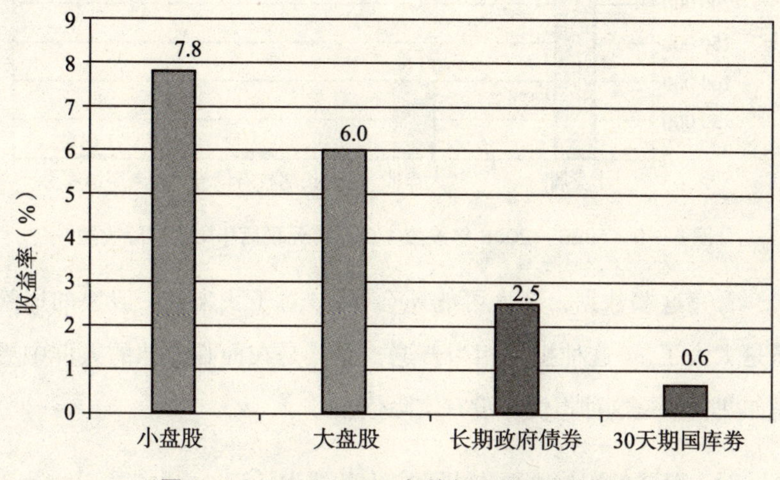

图 5—2　1926—2008 年的年平均实际收益率

最后是税收对于股票和债券收益的影响。债券的边际税率比较高（达 35%），而股票是资本收益和股息区分对待（15%，收益低时税率甚至只有 5%），所以两者的收益差别更大。图 5—3 显示了在长期投资组合中，考虑了通货膨胀和税收因素后，股票相对于债券显示出来的优势（在过去 80 年中，收益所得税率多有变动，此处采用 2008 年的税率）。从中可以看出，在过去的 83 年中，美元小盘股和短期国债的收益差别。

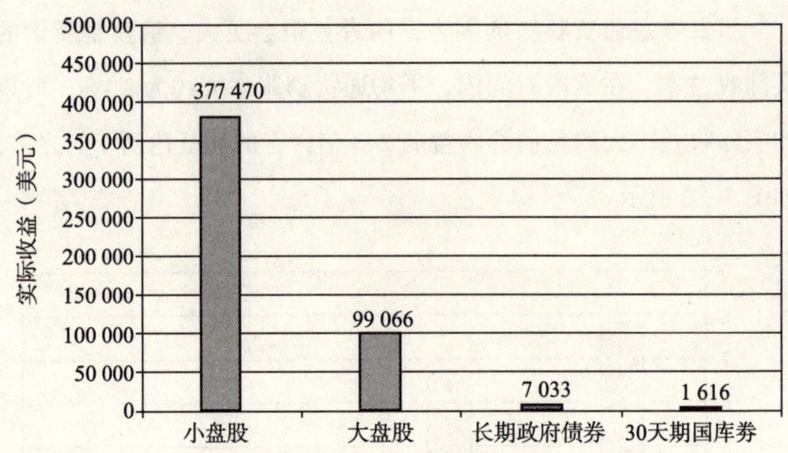

图 5—3　1926—2008 年投资 1 000 美元税后年平均实际收益

看完这些数据，有人可能还会说："对于我来说，股票的风险还是太大了。"这种担忧相当普遍，尤其是在面临退休的人群中更是如此，但是这种担忧却没有实际依据。

对于股票的担忧主要来自两方面的错误认识：

- 投资者没有理解"长期"的含义。
- 投资者没有真正理解投资组合的风险。

"长期投资期限"指 5 年或更长的时间。5 年之内需要的资金应该投资于波动不大的领域——主要包括短期债券基金或货币市场基金。几乎所有的投资组合（只有个别例外）都应该定位于长期目标。个别例外情况包括住房首付、偿还商业短期债务或高等教育费用等。这些情况下，在特定的时间内各种例外情况需要的资金是有限的。况且，教育基金应该而且可以用来投资，以保持资金增值——尤其在孩子小的时候更是如此。

如果储蓄备用金用以增值，它也应该属于长期投资的范畴。随着退休人员寿命的延长，这项投资的收益期有望达到30~40年。临近退休之际，你可能会听信劝说，倾向于投资大面额债券或现金等价物以保持你的资金总量，并希望其能够“增值”。但是你可能已经看到了，债券和股票的总收益差别很大——考虑通货膨胀和税收因素后差距会更大。即便是留作养家或是慈善的资金也应该能够增值，这样才能给它的受益者斩获更大的利益。

不管你是面临退休、已经退休，还是想给深爱的人留下一份遗产，你都应该对你的资金进行合理分配，保证它能够真正增值。这就意味着要长远规划，选择股票，放弃债券。

长期投资思想形成以后，下一个要纠正的错误观念就是对股票的恐惧，也就是要了解投资风险的真正意义。在大多数字典中，“风险”一词的主要含义是可能受到的伤害或损失。对于大多数投资者来说，他们害怕失去资金或本金，这也是他们对于风险的认识。但是，在正常的投资环境中，你不应该仅仅满足于保有本金，而是要保证你的购买能力，这包括本金、长期增值和收益（即总收益）。

如前所述，“多变性”一词意味着风险或不稳定性，但是对于寻求市场回报的投资者来说，这个词的含义是正面的。请牢记，多变性的含义是指变化或可变的性质、状态或程度。

如果你和大多数人一样，那你肯定不喜欢变化，并且对其有一种负面的印象。但是，当事物发生变化的时候，其间也潜藏着向好的方向发展的可能性。“变化”并不一定意味着负面的情况。在投资的时候，我们期待变化。为什么？因为很多时候，股票市场的变化是一种正面的情况，而不是负面的。因此，如果你能掌握变化的力量，通过研究大量的数据认识到，随着时间的推移，自由市场一定会增长，那么你就有充足的信心去承担市场风险，且可能有更大的机会获取收益。有趣的是，这种非直觉化的思维方式也为真正的投资组合奠定了基础，也会使你更好地判断持有股票的时机。

2003 年即是一例。大家一致认为这一年是股票市场的一个特殊年份。谁能预计到这一年将蒸发多少市值呢？这一年困难重重：标准普尔 500 指数经历了经济大萧条以来最糟糕的三年，市值几乎缩水一半；爆发于亚洲的非典（SARS）传染病威胁着人类的生命；伊拉克战争爆发；美元大幅贬值；共同基金丑闻爆发；安然（Enron）和世通（WorldCom）等大公司的不法行为余波未平；社会面临经济疲软和就业增长缓慢的压力。然而，就是在这样的经济环境下，投资者的收益大都不低于 25%。美国大盘股经历了 5 年来表现最好的一年，国际大盘股则是 17 年来表现最好的一年，而微盘股是 36 年来表现最出色的一年。

道琼斯工业平均指数在 3 月 11 日达到了最低点 7 524 点，之后一路攀升，到年底增长了将近 3 000 点。由于接踵而至的坏消息，投资者在年初都比较紧张，大部分都保持观望情绪，眼睁睁看着股票市场随着各种坏消息的蔓延却一路攀升。这个教训提醒我们，在以后的投资中要谨记：进入，持有。坏消息会对市场产生一定影响，但是终会过去。

我们很幸运能够处于现在这样一个社会，没有哪个国家或经济体经历过这样的情况。针对这种被称为“资本主义”的现象，乐观主义是唯一合乎逻辑的事实。对于改变的渴望，应该取代对于损失的恐惧。你现在可以用一种全新的视角看待市场波动，不必再把变化视为损失，而是应该期待从市场积极的变化中获得回报。通过这个实例可以看出，如果你的目标是保持长期购买力，那么股票将比债券安全得多。

杰里米·西格尔与悲观论者崇尚的投资理论

我喜欢收听电台谈话节目，以此来打发时间。某一天，当我正在收听我最喜爱的广播时，其间播出的广告称黄金为“最好的投资品种”。当时是2008年初，市场处于急剧变动之中，听众显然迫切希望听到这一消息——至少消息发出者希望如此。广播中有一个说法，给我留下了很深的印象，让我觉得既有趣又很悲观，那就是“黄金从来不会缩水至零”。你能想象出在一个成熟的资本市场中，投资者会上这种悲观论调的当吗？然而，这个“花招”确实有效。广告期间，该公司的金币、金条和金质雕像销售获利颇丰。

当投资者认为“小鸡总动员”故事中的危险可能来临时，他们自然要寻求安全的避风港。和华尔街一样，黄金兜售人员也很善于在恰当的时间利用这种市场恐惧心理。图5—4显示了这种宣传的效果。该图展示了从2007年1月至2008年4月期间美国鹰洋金币的需求情况。

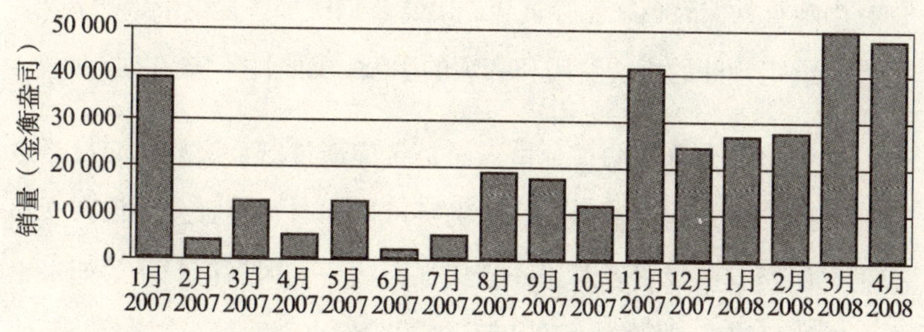

图5—4　2007年1月至2008年4月美国鹰洋金币的每月销量

可以看出，2007年2~10月期间金币销量较低，这一段时间股票市场表现相当好，9个月的时间道琼斯工业平均指数上涨了12.1%。但是从2007年11月到2008年3月，股票市场开始掉头向下，仅仅5个月道琼斯工业平均指数下降了11.0%。关于次贷危机、石油价格和美元疲软的标题充斥着各个媒体。黄金销量伴随着投资者明显的恐慌情绪而上涨。

黄金和其他贵金属一直被宣传为“投资对象”，2008年金价站上1 000美元每盎司以来更是如此。交易人员宣称黄金投资是平衡投资组合、降低投资风险的完美途径。他们宣称黄金具有安全性和盈利性的特点，拥有黄金就等于拥有世界上最古老、最可信的资产。黄金是“安全、可信且方便的投资品种”。

这样理解“安全、可信和方便”就等于相信政治家们宣称“相信美国，为你的权利而奋斗，为你的孩子提供更好的未来”。你为什么不相信这些千篇一律的诺言呢?

如果你相信了这些宣传，准备从黄金投资中盈利的话，请考虑以下问题。首先面临的实际问题是高昂的交易费用（通常超过黄金价格的5%）和运输费用。其次的问题是黄金的安全储存非常麻烦。你有半吨重的保险箱来保存黄金，以防备周围那些鬼鬼祟祟的人吗?你愿意承担额外的租赁费用和麻烦的手续，而把它们放在银行吗?

也许你不会直接购买金币，而是希望通过黄金交易所交易基金这一便捷的方式购买黄金。ETF确实可以即时买卖且几乎没有交易费用，但是有些投资者对这一方式很不放心，因为他们认为如果整个金融体系崩溃,那么他们在ETF中的股份也就变得一文不值了(此种经济前景再次显现）。黄金为什么被认为是在这些经济困境中能够代替一切的物品呢？当然没有这种保障。对 ETF 持有疑虑的人认为当货币体系崩溃的时候（此时政府会大量敛财），黄金能躲过一劫，但是持有 ETF 却不能如此幸运。但是事实是，持有金币和黄金交易所交易基金对你的投资组合都没有好处，这不仅是因为各项成本和不便，而且有其他更重要的原因。

杰里米·西格尔是宾夕法尼亚大学沃顿商学院金融学教授。如果我的藏书中只剩下一本，那肯定就是他的《股市长线法宝》。西格尔是投资界的传奇人物，他经常出现在 CNN（美国有线电视新闻网）、CNBC（消费者新闻与商业频道）和 NPR（美国国家公共电台）中，且经常给《吉卜林的个人理财杂志》（*Kiplinger's Personal Finance Magazine*）和雅虎专栏写文章。2008 年 3 月，我邀请他到节目中阐述他的书中出现的长期投资理念。这本书现在已经是第 4 版，且被《华盛顿邮报》评为十大优秀投资图书之一。

我认为最有必要询问他的问题是："投资股票仍然是最好的长期盈利渠道吗？"

西格尔教授的答案很明确："是的。事实上，我们知道，市场经过一轮调整或是熊市之后，目前处于长期投资股票的最佳时机。当市场处于高点的时候反而不容易盈利。你可以看到，现在已经从高点下降了近 20%，这给进场提供了绝佳时机。按照正常的标准理解，现在的市场估值非常合理。我吃惊地发现，在 19~20 世纪，股市的收益都非常好，扣除通货膨胀因素后，股票的长期平均收益率还能达到 6.5%~7%。这是实际收益，200 年来这一收益值异常稳定。并不是说期间每个年代都能达到这一收益，这是两个世纪来的平均值。这让我坚信可以把它当作长期标准。事实上，国际上的研究证明在最近四五年间，几乎每个国家的股市长期收益都非常好。”

了解了西格尔教授对股市的这种坚定信心之后，我提出了“在股票市场的困难时期投资黄金”这一问题。

他回答说：“我认为，黄金是一种主要资产要追溯到1802年，即19世纪初。下面让我举个例子。如果当时你在股市投下1美元并将分红继续投资，考虑通货膨胀因素后，现在的收益将是75万美元。但是如果你当时花1美元购买黄金，考虑通胀因素后，现在也只能卖2.55美元。”

“我认为，黄金是短期投资的理想选择，也承认其短期盈利非常好。但是作为长期投资，它却表现平平。它的收益甚至不及固定资产收益、短期国库券、债券、市政公债或者任何一种金融资产。它只是短期资产，如果你能够准确预测市场的未来，那么它可以抑制恐惧和焦虑等，但大多数人都不能准确预测市场的未来。作为长期投资，它只会降低投资组合的整体收益。”

他的关于“黄金的长期价值”的看法让我很吃惊。我知道黄金仅仅是神经紧张的投资者用来平抑风险的工具，但是却没有想到收益这么低。两个世纪仅盈利1.55美元？当然这不会征收烦人的遗产税，而且如果你进行了货币对冲，你可以拥有1.70欧元。不过这样的收益也不能算高。所以，哪一种投资才是真正“安全、可靠且方便”的投资呢？如果你听从西格尔历史性的建议，那么你可以多赚749 997.45美元，并且这可以给你带来很多方便。

事实是，黄金在多变的货币或股票市场中可能具有较好的短期收益，并且它看起来金光灿灿、异常漂亮。但是如果冷静考虑的话，投资它却没有实质意义。5 000 年来，黄金在多种文化中充当货币的角色，但是它对我们将来的投资却没有真正的价值。

有一点很重要，那就是黄金和其他一些商品一样并不属于真正的投资品种，只能算是投机。因为它不能创造任何价值，所以又谈何盈利呢？正如我们节目的常客小吉恩·法玛所说，这些物品就像连环画一样："你买下第一期连环画，并且期望有比你更痴迷它的有钱人在某一天找到你，以高出你曾经支付的价钱买下这本书。"

相反，股票代表了能够制造商品或是服务的公司，这些公司都有盈利的潜能，并且这些潜能都是无止境的。黄金或是其他贵金属或物品的价值能够无限制增长吗？虽然目前黄金的价格高达每盎司 1 000 美元，但是 29 年前（1980 年 1 月 21 日）就已经达到 850 美元了，即使在 2008 年下半年的金融危机中，这个价格也一直在 850~900 美元之间波动。黄金的价格能达到 2 000 美元每盎司吗？假设黄金目前的价格是 1 000 美元每盎司，10 年以后价格翻倍，那它的年平均收益率也只有 7.2%。而搭配较好的纯股票投资组合自 1980 年（1980 年 1 月—2007 年 12 月）以来的平均收益率却高达 15.9%。真实数据是：如果 1980 年你在股市中投入 850 美元的话，那么 2007 年 12 月 31 日你将得到 45 674 美元；但是如果投同样的资金在黄金市场,那么几乎没有增长。只能说确实如宣传的那样,"没有缩水至零"。

如果你愿意，那就购买一些黄金，坐等世界金融市场崩溃吧。如果这一"结果"真的到来，你将成为你的家人、朋友和周围所有人心目中的天才。但是我要先警告你一下，他们都会找你借钱的（因为有一个说法：记得向悲观的人借钱，因为他不会一直盼着你还给他）。但是自由资本市场出现这么长时间以来，已经一次又一次证明悲观主义者是错误的，而他们也变得越来越穷。

经济预测：只选择现金

乔治·沃佩尔（George H. Walper）是史派克坦集团（Spectrem Group）主席，这是一个专注于富裕人群和退休人群的研究咨询公司。该公司推出了史派克坦富裕投资指数（SAII）和史派克坦百万富翁投资指数两个月度指标。沃佩尔还和公司总经理凯瑟琳·麦克布林（Catherine S. McBreen）合著了《那些富人告诉你的事：创富、守富、传富的秘诀》（*Get Rich, Stay Rich, Pass It On: The Wealth-Accumulation Secrets of America's Richest Families*）。

在节目中和沃佩尔聊他的著作时我发现，经济上成功的人士大都有一种被他称为“永久财富人格”的特点。和这种人格特点相关的是“乐观并且勇于承担大量的风险”。这听起来很简单，但是我同时还有一个有趣的想法：正是这种能够无视社会中充斥的悲观情绪的人，才能在经济和生活中的其他方面出人头地。谁能承担风险？当然是“永远的乐观派”。还有哪里比当今自由资本市场的中流砥柱——美国，更让人感到乐观的呢？我们没有移民出境的问题，我们只有移民入境的优势（很多人可能都已经忘记“移民出境”这个词了）。能保持一贯成功的人士永远不会忘记，美国就是机遇之乡。

跟随乐观人士的思维，你就可以理解他们在投资时的想法。首先要记住“长期资金”的定义。前面已经说过，投资领域的“长期”

是指5年或更长的时间。5年之内需要的资金都不应该投资于其价值会随着股票市场而波动的金融工具。短期资金应该投资于现金或现金等价工具，比如短期债券、货币市场基金或定期存款。如果你能充分利用这些从经验中得到的投资原则，你就能像那些富人一样思考，并且能够在这个媒体泛滥，充斥着无数经济指标和经济预报的社会中变得轻松自如。

想象一下不用再考虑大量的收益报告、失业率、分红、利率、贸易逆差、耐用品消费性开支、CPI、GDP等数据的情景吧！有如此多聪明又受过良好教育的人给你提供这些信息，你如何才能把它们扔到一边不予理会呢？

记住这一点：经济预测能涵盖多长时间呢？一般都是关于本季度或者下季度的是吧？很少有人能够真正预测18个月以后的经济走势。更没有人能够说出5年后的经济表现。他们甚至都不能真正说出明天到底会出现什么情况。所以，按照长期投资需要5年的原则，我们担心下个月或下季度乃至18个月以后的经济情况又有什么用呢？

秘密就在于（小声点说）：经济预测只会影响到现金。但是现金又会出多大的问题呢？“现金就是王道”，不是吗？当然，我知道利率会随着短期经济数据的变化而变化，这是因为现金和现金等价工具本质上就是短期投资行为。请记住，固定收入（现金也是其中一部分）只有两个目的：抑制短期经济波动和提供现金流。我们的主要收入还是来源于股票。所以，即使短期经济变化使货币市场账户或银行存款的收益只有2%而没有达到4%，这对你的整体投资组合也不会产生本质影响。

谨慎的投资者感觉经济在短期内要出现困难的时候，一般都会选择套现。这其中唯一的问题就是他们错误地把短期经济预测当成长期的情况。但是在自由资本市场中，人们永远不可能预测长期的经济表现，因为预测本质上都是短期的，且大多数时候都不准确。

认识到经济预测只能影响短期现金和固定收益投资后，你会怎样看待这种行为呢？你肯定不会再关注这些东西了，你的投资只会更加乐观和平静。

现在你的心中肯定会有另外一个疑问："万一经济运行出现问题，对投资产生 5 年或是更长时间的影响该怎么办呢？这怎么能让人放心呢？"确实，市场有可能持续衰退一段时间——可能超过 5 年，但是这种情况并不会经常出现。

另一个方面，那些富人成功的秘密就是（再次压低声音）：在一个较长的时间段内，人们面临的风险的危害会相对变小。事实上，从 1927 年到现在没有一种资产类别曾出现超过 5 年的持续下跌。在经济大萧条期间（1929—1933 年），标准普尔 500 指数有过持续 4 年的下跌，之后又经历过两次连续 3 年的下跌（1939—1941 年和 2000—2002 年）。从 1926 年到现在，标准普尔 500 指数被认为有 80% 的时间处于"牛市"中，只有 20% 的时间处于"熊市"，而且每次下跌之后，市场都会出现快速的上涨。经过前面提到的 3 年和 4 年的下跌阶段之后，该指数之后 4 年的年平均收益率达到 23.9%（包括分红）。

18 世纪英国国教的主教比尔比·波蒂厄斯（Beilby Porteous）曾说过："能预见灾难的人要比常人多承受一倍的灾难。"悲观的投资者难道不也是这样吗？没有比专注于经济预测更让人感觉悲观的事情了。不管经济运行情况如何，媒体总能找到负面的信息。沃佩尔在谈到如何培养“永久财富人格”时介绍了两个指导性原则：（1）忽略短期经济形势预测及其提供的无意义信息；（2）乐观自信地在自由资本市场中进行长期投资。

为什么选择资产类别而非板块

我们的听众比较关心也比较疑惑的另一个问题是，究竟应该按照资产类别还是板块来投资。研究表明，影响投资组合表现的最重要因素就是资产分配，也就是说，投资组合在不同资产类别之间是如何配置的。每一种资产类别都由特定类型或种类的股票组成，比如美国大盘价值股、国际小盘成长股、新兴市场股和长期债券等。与资产类别不同，板块主要是由经济中不同行业或领域的股票组成，比如公共事业股、金融服务股和生物医学技术股等。

由于财经媒体经常分析推荐（或建议不要购买）石油天然气板块或是信息技术板块，所以你可能认为你必须对自己所投资的板块非常清楚。但事实上，选择板块会让你重新陷入“预测—选择”的怪圈，降低投资效率。ETFs近几年也开始大力宣传其板块基金以期能够分一杯羹。

为了说明在投资中选择板块的难度，表5—1显示了2007年标准普尔500指数各板块的收益情况。可以看到，大宗消费品、能源、材料和公用事业板块盈利较大，所以，如果你或者你的基金经理主要投资于财经类或房地产类股票，收益就会比较差。现在这么说有点“事后诸葛亮”的意思，但是如果真的这么容易就选到盈利最高的板块，那么风险回报（长期市场收益）就没有存在的必要了。

表 5—1　　2007 年标准普尔 500 指数各板块回报率

板块	回报率（%）
耐用消费品	−14.30
大宗消费品	11.60
能源	32.40
金融	−20.80
医疗保健	5.40
工业	9.80
信息技术	15.50
房地产	−17.40
材料	20.00
通信	8.50
公用事业	15.80

由于板块更容易解释宣传，同时投资者也对其更感兴趣，所以华尔街更喜欢拿板块的概念来吸引投资者的注意力。但是有一个问题，基金经理经常改变基金中的资产类别和板块的比重，投资组合经常在成长股与价值股，小盘股与大盘股，能源板块与财经板块甚至股票与债权之间变化。同时，他们会根据现金流的需要或是市场状况来增加或减少基金的现金金额。这种专门的投资分配调整形成了一种现象——基金漂移。“基金漂移”是指基金的选股定位离开或漂移出初始的或宣传的投资目标。这种行为会降低投资组合的效率，时间长了会明显改变投资组合的组成。这同时意味着在投资者不知情的情况下，基金经理已经改变了起初计划好的投资组合定位。

只有保持投资组合中共同基金资产类别分配的一致性，才能实现高效的资产分配。这要通过定期再平衡资产类别来实现。我建议通过投资组合年度评估来实现这种再平衡，因为再平衡过程会自动地消减一年中增长比较好的资产类别的比例，并且买入表现平平的资产，所以这个过程增加了“高点卖出、低点买入”的机会。现实中很多投资者不会自觉地卖掉增长比较多的基金，并且买入表现较差的。但是，市场是呈周期性变化的，所以我们不必为在较低点买入的资产类别感到担忧。事实上，只要你坚信市场的周期性特点，就应该具有“市场中必须有买卖”的思想，果断收获既得利益。很多人就是因为对市场周期的莫名恐惧而不明白这一点。实际上，这恰恰是在自由资本市场中取得成功的最大秘诀。

如果按照板块进行投资，不同板块之间很难找到相互关系；然而如果按照个人的目标、需求和风险承受能力，合理地将投资组合分配于不同的资产类别中，这样相当于按照不同经济板块的权重自动获得收益，同时还减少了资产配置不当的担忧，避免了在某一经济板块上的“押赌”行为。

简·布雷恩特·奎因的坏投资经验法则

“不要买任何你在报纸上看不到其价格的东西，即使有些东西的价格已经登在报纸或网络上，如果它过于复杂，12岁的孩子理解不了，那么也不要购买。”这就是被简·布雷恩特·奎因称为“投资的第一法则及其第一推论”的内容。

奎因和她家族的长辈一样，也是一位金融革命者。除了经常给《新闻周刊》和彭博网（Bloomberg.com）写专栏文章外，她之前还在哥伦比亚广播公司工作，最初是在《CBS早间新闻》，之后参与了《丹·拉瑟晚间新闻》。她还经常出现在美国广播公司的《家庭秀》，并经常作为嘉宾出现在《早安美国》和《夜线》等其他节目中。《世界年鉴》称她为美国最有影响力的25位女性之一。我有幸邀请到她来参与我们的节目，并讨论她的著作《让你的资金最大化》(*Making the Most of Your Money*)和《繁忙人士的简单理财策略》(*Smart and Simple Financial Strategies for Busy People*)。

她关于投资的第一法则是针对那些倾向于认为“复杂的投资产品是最明智的选择”的投资者提出的。他们被复杂的公式和有限的供应量所吸引，没有意识到这些产品才是最应该提高警惕的。她坚信最好的投资产品应该是简单明了的。风险充分分散的基金能给你带来财富，复杂的产品却不能。但是，这还是不能阻挡华尔街推出这些复杂的产品，因为总是有些人认为在投资中走得人最少的路就是通向富裕之路。

奎因承认市场竞争很激烈，但她认为有一些投资产品是罪魁祸首。

她认为首当其冲的就是递延税款可变年金（VAs），这些产品的本质就是保险公司包装过的共同基金。它们销售时被称为可以递延税款以增加资金量，同时可以提供退休后的终生收入。那么，问题出现在哪里呢？

第一，它经常被作为个人退休账户（IRAs）投资工具，这是一个浪费。退休账户本身就是延税品种，没有必要将其纳入另一个延税计划中。经纪人之所以针对这个方面进行出售，是因为这可能是顾客的投资资金中唯一一个洼地了。第二，它的费用很高并且很不透明，其所有费用加起来每年可能要超过3%（包括隐性佣金）。有这样的成本，投资者的收益肯定不会太高。第三，经纪人经常会说“将来你收回的资金能增加多少，能大幅提高你的退休收入”等，但问题是你的实际收入很可能不会增加。比如，退休后你每年需要从原始投资中取出5%，那么剩下的投资年平均收益必须超过8%（取出的5%和3%的费用），这样才有可能在以后的年份中增加实际资金量。第四，你所取出的资金要按照普通收入交税。如果购买一般的共同基金，所得利润只用按照较低资本得利交税。第五，当这些钱留给继承人的时候就必须交税了。一般共同基金的任何收益留给后代都是免税的。

她批评的另一个投资品种是拍卖标价证券，好在现在这种产品已经不再出售了。投资顾问在推销这些产品时和推销货币市场基金非常相似，如赎回时会得到5%的收益，而非3%。问题在于这个投资产品的基础是拍卖标价证券。奎因将其形容为："没有固定到期日的长期投资，只有短期续期日，一般每周一次。"每次续期日到了以后都会被拿出来重新拍卖，你可以重新购买自己的份额，也可以选择将其卖给其他投资者进行套现。这听起来很诱人，因为它不仅有较高的分红率，而且似乎对现金只占用一周时间。但事实是，只有当别的投资者愿意出价购买时你才能套现，但很多时候没有人叫价，这就意味着所持有的份额会留在你的手中。虽然可以额外多获得2%的分红，但是这些钱有时候很难变现，时间长的时候可能达到几个月或几年。现在这个市场大部分已经关闭了，但它却是流动性储蓄的实例。不要轻易进入莫名其妙地提供高于货币市场利率回报的投资品种，其中很可能有圈套！

奎因提到的第三个投资品种是单位信托，这是一种固定投资组合的证券，通常是政府债券。这种投资品按份额销售，通常会保持一段时间不变，有时能达到30年。持有份额的人会按比例每隔一段时间（比如每季度）取得利息和分红，在投资组合成熟的时候按比例取得收益。问题是没有办法跟踪单位信托来查看其是否真的如所保证的那样盈利。另外，如果它永远不能达到成熟，就面临着资金受损的风险。其利息和分红收入也不一定能保持稳定，因为整个投资组合的组成可能由于各种原因而改变，比如卖出某些证券等。

在阴暗的市场策略中，第四个投资品种是价格低下的普通股票。这些股票因价格一般在 5 美元以下而得名，一般属于有问题的公司，只有很少或没有业绩记录。作为操纵股价的一部分，这些股票一般都通过电话销售，以保持资金流入。一旦有足够的资金投入其中，股价的真相就会公布，价格开始下跌。当投资者决定卖出股票时，才发现他们的卖出指令根本不能被执行，除非用其“利润”购买别的股票。这个过程会一直持续，直到把投资者弄得筋疲力尽。还有一些情况是这些股票完全没有实际业务，所募集的资金之后被用来购买小的私人公司，有的甚至是不合法的。

这个名单可以很长，在奎因的书中有更多的介绍。她给出了一些辨别无利可图的投资的总体指南，包括任何标榜着“安全”的、可以实现高于正常回报的投资品；任何标题中有“额外”字样的共同基金；任何比较复杂的投资品；任何通过电视夸张宣传或是冷不防的电话进行销售的投资品等。当你有疑惑的时候可以参考奎因的第一法则。我可以在报纸或网上找到任何踪迹吗？这个投资品可以向 12 岁的孩子解释清楚吗？如果任何一个问题的答案是否定的，就去寻找别的更清晰明了的投资品种吧，如多样化配置的共同基金。投资不应该复杂化，如果太复杂就肯定有问题。

THE INVESTING REVOLUTIONARIES 小结

美国前参谋长联席会议（Joint Chiefs of Staff）主席，海军上将亚瑟·雷德福（Arthur Radford）曾说过："决定就是你所掌握的信息非常不完整，以至于心中不明白其答案时必须采取的行动。"在生活的很多领域中，你所面临的事情并非像看起来那样。不幸的是，金融服务领域就是这种状况，这让做决定变得很艰难。本章的任务就是把投资中的一些要点、事实更清楚地呈现出来，并鼓励你全面分析经常要面对的投资选择。随着你对投资世界更加了解，我希望你能明白，投资中一定要做更好的决定。

THE INVESTING REVOLUTIONARIES

How the World's Greatest Investors Take on Wall Street and Win in Any Market

第6章 该到哪里去：全球化投资

奥迪·墨菲

美国著名电影明星

美国给世界带来的是自由。

乔治·华盛顿曾经说过："一个真正掌握了商业精神，能看到自身的优点，并能将其真正利用起来的民族将无往而不胜。"我承认他所指的是所有民族，而非仅仅是他所深爱的、处于刚刚萌芽的经济环境中的美利坚民族。我相信我们是历史上最幸运的人，因为我们现在生活在一个看到了光明的时代，你正处于迄今为止最伟大的经济变革中。当你深入阅读并学习全球自由商业精神的时候，请一定要记住并仔细思考这一事实。

罗伯特·利坦，好主义、坏主义和新兴市场

1987年7月，罗纳德·里根站在德国西柏林的勃兰登堡门前，强烈要求米哈伊尔·戈尔巴乔夫（Mikhail Gorbachev）将柏林墙推倒。这段墙已经成为冷战的重要象征。两年半之后，这堵墙倒了。然而，20年之后，全球经济间仍然存在着巨大的差别。

回想一下，仅仅一个世纪以前，美国一个人的购买力只是现在的10%。2007年之前的5年中，美国经济年均增长3.5%，这一数

据是 20 年前的两倍。

我曾经有幸拜访到《好的资本主义，坏的资本主义》(*Good Capitalism, Bad Capitalism, and the Economics of Growth and Prosperity*) 一书的作者之一罗伯特·利坦 (Robert E. Litan)，并和他就这一问题进行了交谈。利坦有曾经供职于美国经济顾问委员会的辉煌经历 (1977—1979)，并曾担任过美国司法部反垄断局 (Antitrust Division of the Justice Department) 副总检察官助理 (1993—1995)，还担任过美国行政管理和预算局 (Office of Management and Budget) 副董事 (1995—1996)。现在是考夫曼基金会 (Kauffman Foundation) 研究与政策副主席，并且已经在布鲁金斯学会 (Brookings Institution) 工作了将近 20 年，在这里他领导了一个小组，专门观察全球经济，寻求有关美国和全球经济政策问题的答案。

他在这本书的第 1 章中写道："关于过去两个世纪中美国和其他经济体所取得的非凡增长和创新，最令人惊诧的事情是这一切并未令我们惊诧。"我曾请教授就此做详细解释。

"我们对于增长已经习以为常了。如果我们生活在 18 世纪，那么总体上我们的生活和 1 000 年前没什么区别。换句话说，事实上，1 800 年前世界上很多地方都没有出现明显的经济发展。然后从工业革命开始直到现在，在我们称为"发达国家"的地方开始出现经济，现在发展中国家也在迎头赶上。当时的年增长速度只有 2%~3%，这听起来貌似很少，但是即使是这个速度，每经过一代我们的生活标准就可以翻一番。所以，每一代人都习惯于比他们的父辈生活得更好。这些情况现在看起来是很正常的事情，但是在人类历史上大多数时候这都是难

以想象的。”

利坦的书中最有趣的论断就是：资本主义体系也不是完全一样的。他把资本主义体系分为四类，并就每一类举例进行了说明。

“现在，让我们回到柏林墙倒塌的1989年。这件事发生后，很多人在鼓吹‘长胜论’，认为资本主义已经取得了胜利，社会主义已经失败。这一理论隐含的概念就是资本主义是个庞大的体系，它主张私有财产所有权，使人们能够开办商业，拥有股份并从中不受限制地取得商业利润。（它同时认为）人们拥有强大的驱动力来开发和创造新公司。在全世界范围内的大约190个国家中，你能够很快认识到，比如欧洲的‘资本主义’和拉美、亚洲、中东等地区的不同，每个国家之间也有所不同。我这本书中所做的不是要分出188或190种资本主义，而是把它们归为四类，每一类内部都有相同的特点。”

“第一类是所谓的‘国有的’或‘国家主导的’的资本主义。这类资本主义社会和其他社会一样允许私有财产的存在，但是在国家主导的资本主义社会中，国家通过控制银行体系或是其他的机制将资源分配在一个或几个特别的行业中。”

“第二类资本主义被称为‘寡头资本主义’，它是指社会权力和资金都集中在少数精英分子手中的社会体系。这种体系多见于拉丁美洲、中东和非洲的很多国家。寡头资本主义和国家主导的资本主义及其他类型不同的是，当权力集中在少数人手中的时候，他们就不再关心社会上的其他人。他们主要关心的是如何让他们自己的福利最大化，而不关心其他公民的平均福利。所以，这也是唯一一个不把经济增长作为第一目标的资本主义体系。”

“第三类资本主义被称为‘官僚政治’或‘大公司资本主义’。顾名思义，这种资本主义是被大公司，尤其是根深蒂固的公司所控制的。请看日本和欧洲，至少是西欧国家的情况。大公司具有更强的创造性，更有利于扩大经济规模、提高经济效率，并赶超其他国家。但是，它在做一些最主要的事情方面——引进个人电脑革命或率先进行互联网革命等，却不太有力。所以，在大公司社会中很少看到最主要方面的创新，这也是它们近几十年逐渐陷入困境的原因。即使在20世纪80年代，还有很多人认为日本和欧洲将要取代美国，但是这终究没有实现。”

“第四类就是被称为‘创业家资本主义’的模式。同样顾名思义，在这种社会中，经济资源是由新公司支配的。这也是最能够进行根本性创新的社会。理想的资本主义社会是将大公司资本主义和创业家资本主义结合起来。社会需要新公司的健康因素来保持经济的新鲜性，同时也需要大公司来进行大规模生产，为新公司的创新提供增值能力。而且我们认为，经过历史的长期淘洗，经济如果想要发展，就必须吸取一些创业家资本主义的因素，否则就注定要落后。”

利坦在他的书中谈到，利益集团的存在有可能使经济变得僵化。我曾问他我们应该在何种程度上担心美国这一商业模式。

“利益集团的增长会导致僵局。事实上，最为认同这一论断的经济学家是来自马里兰大学的、已故的曼瑟·奥尔森（Manser Olson），他在20世纪80年代曾经写过一本书，我记得书名是《国家的兴衰》（*The Rise and Decline of Nations*）。这是一本了不起的书。书中曾提到，如果有太多的利益集团，尤其是当他们互相竞争的时候，那么他们本质上是在抢夺政府的利益，而这会让国家变得僵化。有一个叫乔纳森·拉什（Jonathan Rash）的新闻记者在其政治生涯中也曾提到同样的观点。目前，如果有这么多的利益集团，如何才能阻止僵化的发生呢？请看看华盛顿K大街上站得满满的说客吧！顺便说一下，如果你计算过华盛顿的说客的数目，你会发现现在比30年前多多了。所以必须对利益集团保持警惕。”

“应该通过和平的方式打破利益集团的权力，因为很明显，我们都不希望看到战争。比如当有足以动摇一切的突破性技术出现时，就可以将社会上各个利益集团的积习破除。但是，这同时又形成了新的利益集团。所以，我们只能寄希望于当它们僵化或僵化之前会出现新的技术变革。在美国过去三四十年间出现了半导体，导致了个人电脑和互联网等的出现，后来又有了生物技术和其他新技术。目前，我们的一系列技术取得了重大突破，这些技术改变了投资者的关系。这也是我们的经济体系的一个重要特点。只要有改变，我们就不会陷入僵化的境地。”

我们很乐意看到有国家渴望采用任何形式的自由资本市场体系。国家主导的和寡头政治资本主义体系只是个开端，但是正如利坦所述，如果经济想繁荣发展，就必须在更大程度上采用创业家资本主义结构。虽然大公司资本主义的一些方面可以帮助提高创业家资本主义中出现的产品和思想，但是，创业家资本主义体系中的健康成分——依赖于新公司、新产品和新观念，才是对经济增长起到更大作用的因素。利坦指出了爱尔兰的例子，其在1997—2007年间经济年均增长率达到了7.5%（顺便说下，这种巨大的经济变革来源于爱尔兰极低的个人所得税率）。

利坦的书中指出，有一点要注意的是，新兴市场的经济同时受到地理和文化因素的影响。地理因素（比如离水源更近和整体气候等）和文化因素（比如对企业家精神的支持）会妨碍经济的发展，但是这些问题都可以克服（在很多国家已经得到了克服）。向海边修路显然比制定政府政策要容易得多，所以地理和文化因素都不是永久的障碍。确实，只有进步的时候才有希望出现有利于投资者的经济增长。欠发达的经济体有很大的增长潜力，这一简单因素也是要考虑的一个重点。

新兴市场也许是最精细的社会，所以，他们才有最大的增长潜力。想象一下，如果你处于一个只能在书本上才有机会看到的经济文化中的情景吧！随之而来又出现了允许私人自由拥有财产的时代和文化变革。社会上开始制定法律规则，而非人类规则。拥有个人的事业或学业，并进入任何你希望进入的领域成为现实。想象一下，梦想实现的时候你的兴奋和激动吧！而目前我们就生活在这样的社会中，但是对于世界上的很多地方来说，距离这样的生活还很遥远。对于世界上的新兴市场来说，就是这样的机会提供了增长的希望，也是这样的机会标志着社会中经济的健康和财富的增长。幸运的是，笼罩世界的大经济环境还是以各种形式的自由经济为主。

随着新兴市场在世界范围内扩张，有一个现实是当经济财富不能被全部人们所共享时，就会出现坏的资本主义。资本主义有时可能不能实现利益，比如某些国家仍限制个人自由。

新兴市场对于适当多样化的投资组合来说非常重要。随着全球市场体系逐渐扩展，投资者也可以从投资回报中明显看到这种进步。

截止 2008 年的 5 年间，按照 MSCI 新兴市场指数，新兴市场的年均收益率为 9.02%，而标准普尔 500 指数同期却损失了 1.38%。

对新兴市场的投资在数量上应当有所限制（不超过全部股票资产的 8%~10%），而且所投资金应当分布于全球所有新兴市场中。

新兴市场资产类别也是你的投资组合中一个必不可少的部分。我们知道，经济的进步，不管多么缓慢或痛苦，最终都会带来新的自由。正如里根总统 1987 年在勃兰登堡门前所说："展现在全世界面前的是一个伟大且不可避免的结论：自由带来繁荣。"

全球多样化投资

投资者经常会忽略国际市场，认为其风险太大，这是个错误的认识。投资者还倾向于认为，只要他们所投资的公司在全球范围内销售商品并提供服务，他们就已经进行全球化投资了。研究表明，即使一个公司的主要业务都来自于海外市场，它们的股票价格也倾向于跟随国内的情况而发生变化。

国际市场的发展情况经常会和国内市场不同。此处的"不同"也包括都在上涨或下跌，但是变化的速度不一样。图 6—1 显示了美国和国际市场在某一段时间内相互超越的情况。20 世纪 80 年代中后期，以日本为代表的海外市场就是一个很好的例子，它显示出国际市场大幅超越美国国内市场的巨大优势。即使美国在 2003—2007 年处于大牛市期间，其表现也逊于国际市场。在这段时期和其他很多时候，能够在国际市场做多样化投资的投资者赢得了大量资金。

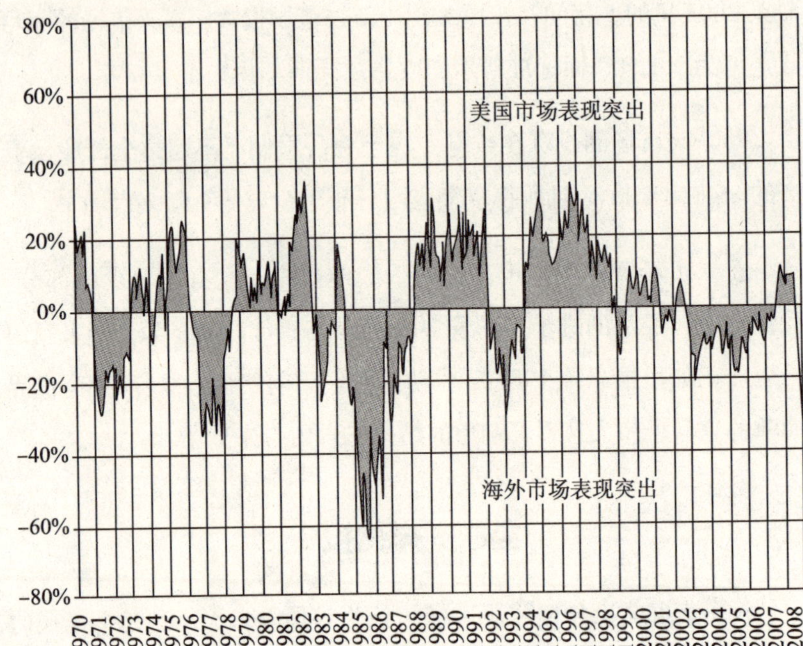

图 6—1　1970 年 1 月至 2008 年 12 月美国和海外市场差异情况

投资于国际市场已经成为很多投资顾问的标准建议。但是另一个问题出现了：到底应该选定哪些国家或地区作为投资目标呢？美国传统基金会（Heritage Foundation）和《华尔街日报》一起创立了年度经济自由指数。在过去的 14 年中，这一指数记录了投资时机和经济繁荣程度之间的联系。这一指数包含了 10 个指标：商业政策、贸易政策、财政政策、政府规模、货币政策、投资环境、金融政策、产权政策、远离腐败程度和人力资源状况。乍一看，有些指标的内容很相似，但是每个指标含义间的细微差别都能提供很多有价值的信息。

2008 年该榜单前 10 名国家的列表，或许会让你明白这些数据到底是如何编制和应用的。当你看到表 6—1 中的这些信息时，请考虑一下，如果让你多样化地投资于这些最自由，因此也最容易实现繁荣增长的经济体系的时候，你应该如何安排你的投资组合。

表 6—1　　2008 年经济自由度指数

国家和地区	总体得分	商业自由度	贸易自由度	财政自由度	政府规模	货币自由度	投资自由度	金融自由度	财产权	破产自由度	劳动力自由度
中国香港	90.25	88.18	95	92.8	93.07	87.21	90	90	90	83	93.3
新加坡	87.38	97.79	90	90.3	93.87	88.86	80	50	90	94	99
爱尔兰	82.35	92.22	86	71.5	64.5	84.91	90	90	90	74	80.4
澳大利亚	82	89.32	83.8	59.2	62.83	83.68	80	90	90	87	94.2
美国	80.56	91.69	86.8	68.3	59.81	83.67	80	80	90	73	92.3
新西兰	80.25	99.9	80.8	60.5	55.99	83.67	70	80	90	96	85.5
加拿大	80.18	96.74	87	75.5	53.67	80.98	70	80	90	85	82.9
智利	79.79	67.48	82.2	78.1	88.24	78.82	80	70	90	73	90
瑞士	79.72	83.89	87.2	68	61.55	83.57	70	80	90	91	82
英国	79.55	90.79	86	61.2	40.06	80.75	90	90	90	86	80.7

中国香港地区目前处于世界经济自由榜单的首位。14 年来，香港从来没有离开过榜单第一的位置，新加坡和澳大利亚也处于榜单前列。世界经济最自由地区的前 5 名中，亚太地区占据了 3 个位置。在前 10 名中欧洲有 3 个国家，在前 20 名中有 10 个。

爱尔兰和智利也出现在榜单中可能会让你吃惊，但是这两个国家都有其各自的原因。爱尔兰几年前开始采取了极低的所得税政策，为这个只有大约 400 万居民的小岛带来了繁荣。至于智利，则是为数不多的、将社会保障体系私有化的国家之一。不仅如此，它还采取了被动资产类别投资方法，并将很大部分的资产置于这一投资方法中。你认为美国政府（在指数中名列第 5 位）可以从这些“暴发户”自由经济体中学到一两点有用的东西吗？很可能不行。但是这并不意味着你作为个人投资者不能学到一些有用的经验。

下面还列出了这一指数所认为的重要国家，你有可能从中吸取一些教训。

委内瑞拉：自从总统查韦斯采取更加反民主、反自由的市场政策后，该国从原来指数中的 148 位（倒数第 10 位）又开始下降。这还是该国在丰富的自然资源（尤其是石油）财富的支撑下的情况。

古巴：让人毫不吃惊的是，古巴（第 156 位）仅比朝鲜（157 位）领先一位，两者处于指数的最底部。

最后要注意的一点是，原苏联集团的国家现在却表现得非常好，确实有点出人意料。其中，爱沙尼亚居于第 12 位，立陶宛居于第 26 位，亚美尼亚居于第 28 位（如果还有人认为经济自由和其他方面的自由没有关系的话，我想请他来解释下这一点）。

这些对你的投资组合有什么意义呢？首先，不要考虑某个国家，而是按地区考虑。这样可以避免陷入挑选国家的麻烦。环太平洋地区包含居于前几位的国家和地区，当然是必不可少的选择。我要推荐的第二个将在你的全球投资组合中占有重要分量的地区是欧洲。如果你使用经济自由指数（IEF）把世界分为 5 个地区，将会是：欧洲、亚太地区、美洲、非洲撒哈拉以南地区，以及中东和北非。从中我们可以发现，大量的、最自由的经济体都位于欧洲。在这个基础上，还有一个解决办法就是使用被动国际基金，这一基金主要关注与摩根士丹利欧澳远东指数相似的国家。摩根士丹利欧澳远东指数主要跟踪欧洲、澳大利亚和远东一些国家的公司的情况。

摩根士丹利资本国际公司 20 多年前开发了 MSCI EAFE 指数，

其覆盖的国家和地区有澳大利亚、奥地利、比利时、丹麦、芬兰、法国、德国、希腊、爱尔兰、意大利、日本、荷兰、新西兰、挪威、葡萄牙、新加坡、西班牙、瑞典、瑞士、美国和中国香港。在经济自由度指数中，这 21 个国家和地区的平均位置为 23.9。也就是说，在世界经济自由程度方面，它们处于前 15% 的范围。这些国家和地区再加上加拿大就构成了一个完美的投资组合。加拿大在 IEF 中居第 7 位，这会让它们的排名稍微提前至 23 位，同时又增加了一个非常自由的经济体。

前面已经说过，国际市场经常会和美国市场的运行方向不同，此处对这一点再稍作论述。图 6—2 列出了两者每年的优劣表现。现在我们从 1970 年开始，对 MSCI EAFE 指数和美国市场指标标准普尔 500 指数进行对比研究。

	1970	1971	1972	1973	1974	1975	1976	1977	1978	1979	1980	1981	1982
标准普尔 500 指数	−1.4	10.6	15.0	−21.6	−34.5	28.2	18.2	−13.1	−2.3	4.5	17.8	−12.7	16.9
MSCI EAFE 指数	−10.5	31.2	37.6	−14.2	−22.1	37.1	3.7	19.4	34.3	6.2	24.4	−1.0	−0.9

	1983	1984	1985	1986	1987	1988	1989	1990	1991	1992	1993	1994	1995
标准普尔 500 指数	18.0	2.2	27.4	17.1	0.8	11.9	25.7	−8.7	26.6	4.5	7.1	−1.3	34.0
MSCI EAFE 指数	24.6	7.9	56.7	69.9	24.9	28.6	10.8	−23.2	12.5	−11.8	32.9	8.1	11.6

	1996	1997	1998	1999	2000	2001	2002	2003	2004	2005	2006	2007	2008
标准普尔 500 指数	19.0	31.1	26.6	17.9	−12.1	−13.2	−23.9	26.3	7.4	1.4	12.9	1.4	−37.0
MSCI EAFE 指数	6.4	2.1	20.3	27.3	−14.0	−21.2	−15.7	39.2	20.7	14.0	26.9	11.6	−43.0

图 6—2 1970—2008 年 MSCI EAFE 指数和标准普尔 500 指数表现情况对比

可以看到，两者表现的优劣没有固定的模式，哪一市场在哪一年表现得更好都是随机出现的。没有人知道哪个市场在哪一段时间内能够给出最优表现。但是你可能会吃惊地发现，国际市场收益更高的年份几乎是美国市场的两倍（25 年对 14 年）。39 年来，MSCI EAFE

指数的年均收益率是 8.97%，而标准普尔 500 指数的年均收益率为 9.47%，两者非常相近。MSCI EAFE 出现了 11 次年度负收益，差不多每 4 年一次，而标准普尔 500 出现了 12 次年度负收益，接近 3 年一次。每个指数还有一些明显的特点，比如 1973 年和 1974 年下跌了 36.3% 之后，MSCI EAFE 指数出现了连续 6 年的正增长，并且在之后的 15 年中实现了年平均 22.3% 的收益；另一次连续 5 年增长并实现总上涨 112.4% 的时段出现在 2003—2007 年，在这之前，2000—2002 年出现了 3 年下跌 50.9% 的情况。同样，标准普尔 500 指数也出现过连续几年变化的情况，但整体上实现了明显增长。

当我单独观察每一个指数时，发现 MSCI EAFE 指数在 39 年中有 31 年上涨或下跌超过 10%，而标准普尔 500 指数涨跌超过 10% 的年份为 27 年。这一事实批驳了“海外市场比美国市场更不稳定”的说法。分析中最让人吃惊的一个发现是，MSCI EAFE 指数和标准普尔 500 指数收益之间的年度平均差别（每年多个指数收益差别的平均数与每个指数相比较）竟然高达 14.2%。所以从长期来看，两者的平均收益大概持平。然而，每年的差别接近 15%。这也证明了分散化投资于国际市场，可以在多大程度上降低波动性。

我建议至少要保持投资组合中 30% 的资产，投资于海外资产类别中，当然 50% 也没有问题。目前世界上有将近 60% 的总资产（所有公司资产之和）位于美国以外的地方，可以充分分享所有自由经济体在每个发展阶段中所产生的利润。这包括分散投资于所有大类别、小类别和新兴市场。

全球多样化投资对于一个合理配置的组合来说非常重要。即使美国经济增长缓慢，它也可以让你作为单个投资人来分享自由市场所带来的巨大利润。

应该投资在什么地方

2007 年 12 月 31 日，全球各个市场的总市值达到了 37.4 万亿美元，其中美国拥有 15.7 万亿，占 41%。很明显，国际市场拥有 59% 的市值，而且很早就超过了国内市场的规模。下面对此进行仔细观察。1970 年，美国大约拥有世界市场总市值的 60%。所以在过去的 40 年里，虽然美国市场一直健康发展，但是国外市场依然超过了美国国内。如果你仔细分析了市场情况，那么你就应该保持一定的国际市场份额，它在你的投资组合中应该占有超过一半的比例。

再看一下发达国家和新兴市场之间的比例。发达国家占世界市场总资本的 88%，新兴市场占 10%，并且有 2% 没有被投资。投资于新兴市场的资金量只是把微软、通用电气和埃克森美孚的市值加起来的三倍多一点。

目前，你是不是应该严格按照世界市值来配置你的资产了呢？剔除了不发达市场（大概 2 万亿美元）之后，美国和国际市场的比例大概是 50/50，这是一个合适的比例。我建议，投资组合中至少要有 30% 的资产投资于国际市场，包括新兴市场资产类别。然后，这一比例可以慢慢增加到 50%。这一策略为海外经济体提供了具体且有意义的资金来源，它们在将来的经济周期中不可避免地要超过美国市场。

有一点值得注意的是，研究表明，全世界的个人投资者都感觉投资于本国的公司会更舒服。美国人喜欢美国的公司，德国人则更倾向于德国的公司等等。这是个自然现象，因为他们觉得对这些公司更熟悉。但是你不应该让这种情感因素破坏了你在全球视野下管理资金的策略。

世界市场是慎重投资的一个理想场所，如果投资者对于世界上其他地方的金融情况更加清楚，他们就可以轻松地收获果实，同时避免短视的投资策略导致的低效投资。

T· 布恩 · 皮肯斯与能源独立

目前，可能没有哪个经济问题会比能源问题更重要。在过去的 5 年中，我们已经多次利用整个节目的时间来讨论这一问题。我们面对的现实是：石油不仅是汽车的燃料，更是自由资本市场的动力。石油问题是一个全球性问题。这是一个众所周知的、处于矛盾中的难题，而且答案也是一个谜。对于这一问题，很多人持有不同的观点："在这里钻探，马上钻探，少付点钱。""政府已经拨了很多土地用来开发石油，其中很多尚未使用。""我们的碳足迹[①]怎么办？""阿拉斯加国家野生动物保护区（ANWR）处于冻土区，我们把这块地方利用起来，摆脱对外国石油的依赖。""减少需求是唯一能够降低石油价格的办法。""所有的问题都是因为投机商在搞鬼。""我们应该建更多的核电站。""我们必须建立更多的炼油厂。"争论永远不会停止。

有一点值得注意的是，每一个拥有共同基金或退休金的人都持

① 碳足迹（carbon footprint），它标示一个人或团体的"碳耗用量"。"碳"，就是石油、煤炭、木材等由碳元素构成的自然资源。"碳"耗用越多，导致地球暖化的元凶"二氧化碳"也制造得多，"碳足迹"就大；反之，"碳足迹"就小。

有某个石油公司的股份。这包括了大部分美国人。我们几乎都被绑在了一起。所以，你应该相信什么观点呢？你又能为它做点什么呢？

2008年9月中旬，我们邀请了激情四溢的T·布恩·皮肯斯来参加我们的"投资革命"节目。80岁高龄的皮肯斯几个月来一直通过电波反复宣传他的能源政策，而且我们很高兴，他能以他特有的西得克萨斯口音与我们分享他在这一问题上的才智和知识。研究皮肯斯的背景时，我吃惊地发现我们有很多共同点。我们都在阿马里洛（Amarillo）的同一所高中读书，并且在那里的校篮球队打球。他还在我的大学母校——得克萨斯农工大学，修了一段篮球学位，然后毕业于俄克拉何马州立大学。他是BP资本管理公司（BP Capital）的创始人和主席，他的最近一本书《第一个十亿最难挣》（*The First Billion is the Hardest*），真实地再现了他几乎不可能实现的胜利的一生。

问第一个问题时，我讲到他曾经于2008年7月在油价上涨到150美元每桶的价格之前就成功预测这一结果。很多人都认为价格会持续上涨，但是在我们录节目时已经下降到100美元以下了。我的问题很简单，石油后期的价格走势到底如何？

"好吧，现在美国已经陷入衰退，不久之后欧洲也将出现衰退，日本也一直在挣扎。所以，全世界都出现了问题，这样对原油的需求就会大量减少。不要担心，到明年这个时候肯定会再次涨回150美元的。"

但是我觉得他这种"宣言式"的说法却让人不敢太相信。

皮肯斯一直在努力实现他自己所称的"10年能源计划"，以便降低美国对海外石油的依赖程度。我请他跟那些对这个计划还不太熟悉的听众分享一些相关内容。

“我们会直接把美国的能源问题提出来，我真的想这么做。到目前为止，我们40多年都没有形成能源计划。我们不能再这样下去了，因为我们所需的石油中有70%依赖进口。这需要6 000亿~7 000亿美元，我们再也不能这样下去了。如果我们还像过去10年那样无所作为，那么10年后我们所需石油的进口比例将达到75%，每年所需资金将超过1万亿美元。如果我们无所作为，我们会因此而变成一个二流国家。”

“所以我对这个问题做了深入的分析，并且找出了解决办法，那就是我们应该使用美国自己的能源，而不再购买外国的石油。其中之一就是（可以）使用风能和太阳能发电，这样我们就可以不用天然气发电而是把它用作交通燃料，这样做会更便宜。天然气不但更清洁，量很大，而且是我们自己的。这样我们就有了完美的解决方案。当你每次为汽车加上一升天然气而非一升柴油或汽油的时候，你就直接减少了使用外国石油的费用。所以，唯一能够减少原油进口费用的方法就是使用美国国内的其他能源，而美国唯一能够被大规模使用的就是天然气。”

当投资者看股市情况的时候大多关注其走势，他们会陷入永久性偏见。如果股市上涨，投资者就觉得它会一直涨下去；如果股市进入熊市，投资者就会听信媒体的宣传，开始紧张地认为市场再也不会好转。但是，既然是自由市场，它终究还是会回升的。

同样的情况也存在于石油市场中。当消费者看到油价持续上升了几周或几个月以后，就觉得好像没有任何事物能够阻挡其上升的步伐，但是它会停下来的，它必须停下来，而且每次都停下来了。自由市场会逐渐纠正所存在的问题——只要政府允许。我曾经向皮肯斯询问关于“当消费者看到价格稍有缓和而变得满足而平静”时这种情况所隐藏的风险。

“嗯，我想这正是我担心的一点，是的，20世纪七八十年代油价上涨时也出现过这样的情况。我们那时开始寻求其他的方法，然后油价开始下跌。你知道，如果我们看着一个问题逐渐显现而无动于衷，那么我们都对其负有责任。但是，真的，我们现在陷入这样的境地，一个原因是我们没有掌握华盛顿的领导权；另一个原因，而且是个助推因素，就是现在的油价太便宜。所以我们会说：‘快把石油给我们送过来,别管价钱。’然后，突然有一天我们发现油价已经涨得非常高了，1美元每升的油价开始削弱所有人的购买力。大家又开始问：‘啊，这就是我们要面对的吗？’”

“你可以看看欧佩克（OPEC）国家，5年前他们的年收入是2 500亿美元，今年他们的收入将达到1.25万亿美元，是5年前的整整5倍。你有什么理由相信这一趋势会改变吗？它根本不会改变。如果不对这一问题采取任何措施，我们只能等着为石油付出更多的代价。”

当这次关于能源政策的采访将要结束的时候，我问他，如果有机会，他想给下一任总统提出的最重要的建议是什么。他给出的答案很真诚，且要点鲜明。

“要表现出领导力。仔细地分析一个问题就等于解决了问题的一半，所以请深入地分析我们所面临的问题，然后着手去做，真正把它解决掉。但是，走出办公室前请真正地做点事情，祝你好运。”

我知道，可能我和皮肯斯是同在得克萨斯求过学的老伙计，所以我对他有些偏爱，但我必须承认，我被他善良和真诚的举止深深打动。我有一种感觉，如果有机会，T·布恩·皮肯斯真的会帮助我们“把美国的能源问题解决掉”。

马文·佐纳斯与全球政治经济

马文·佐纳斯是全球著名的政治经济学家，也是芝加哥大学商学院名誉教授，在目前的电子商务时代，教授国际政治经济、领导艺术和经营战略。他还是最受欢迎的美国广播公司《夜线》节目的原创专家之一。他对于全球经济的独特观察视角无人能及。2007 年 4 月，他来到“投资革命”节目中，和我们一起分享他关于全球政治经济方方面面的见解。在我们有限的采访时间内，我想从一个个人投资者的角度，了解他对全球热点地区地缘政治的理解。

我记得佐纳斯教授是在伊朗人质危机时，作为嘉宾专家出现在电视节目中时开始出名的。所以，我的采访就从伊朗的武力威胁开始了。

佐纳斯教授说：“毫无疑问，不仅对于居住在伊朗国内的人来说，对于我们来说伊朗的形势也同样很严峻。他们不仅在中东表现得咄咄逼人，而且还在谋求掌握核技术。不管他们现在是不是真的想制造核弹，我对此都很担忧。不过，有一点可以肯定的是，如果他们真的想这么做，肯定不会表现出来。1982 年，里根总统派国防部长唐纳德·拉姆斯菲尔德（Donald Rumsfeld）到巴格达，因为美国明白萨达姆的军队在当时是中东对抗伊朗的屏障。所以，2003 年 4 月，当我们推翻萨达姆时，这个屏障也消失了。而目前伊朗人和什叶派又开始在这一地区酝酿革命。”

我从来没有想过沙特阿拉伯会变得动荡，事实上，我一直认为它是中东相对稳定的国家。但是，和往常一样，佐纳斯教授却能针对这一关键地区给出独到见解：

“现在，这个国家确实很稳定，因为高油价能够让政府对全国投入大量资金，但是，如果你看看这个王国的长期命运，我想它肯定非常不稳定。没有迹象表明近期会出现什么问题，但是这个国家有大约 20% 的民众完全处于贫困状态，生活非常艰难，而且全国有很大比例的民众是文盲。在阿拉伯，妇女不能参与政治。这些在未来都是不确定因素。”

然后把目光转向中国，佐纳斯教授分别给出了短期和长期的看法。

“关键问题是，5~10 年的展望比 2~4 年的观察更有用。就眼下来说，中国会保持这种世界纪录般的增长速度，其在经济方面会成为一支更加强大的力量，在东亚以及全球范围内都将占据重要的位置。”

“中国有两个重要的日子。一个是 2008 年 8 月，北京举行奥运会；另一个是 2010 年 5 月，上海举行世博会。中国政府将这两次事件作为力量崛起的标志，确立经济、政治、军事和科技等方面超级大国的地位。我相信中国能够平稳地度过这些日子，因为这是中国融入世界的重要方式，但是，这些日子结束以后，形势未必能够持续。”

“根本原因在于中国经济的发展一直依靠固定资产投资，即建大量的工厂、公路、大坝等，而不是依靠国内人民的消费。中国必须把促进经济增长的动力由固定资产投资转向国内消费，因为建设工厂消耗了太多的资源，而世界对其原料的购买力也会下降。但是，这种转变将非常困难。”

虽然在我们进行采访时梅德韦杰夫还没有就任总统，但是考虑到俄罗斯作为一个政治大国的地位，佐纳斯教授给出了如下评论：

“现在还不确定俄罗斯是否会成为一个对抗美国的集团，但是普京无疑是这么想的。俄罗斯有很多石油、天然气和原材料，这些能源可以给俄罗斯带来大量的利润，而这些利润又能够让其在世界上具有更大的影响力。俄罗斯会通过自己的实力与美国的利益相抗衡，绝不会与美国协调共处。”

他的判断再次被证明是正确的，2008 年 8 月，俄罗斯开始在高加索地区耀武扬威。

当我向佐纳斯教授提问关于冷战的问题时，他给出了最有趣的答案。我的问题是：“我们目前的状况和与苏联对抗时相比好得多吗？”

“我想（现在与俄罗斯的关系）更不稳定，因为当美国和苏联各执核武器相互对抗时，全球陷入一片严重的危机中，每个超级大国都尽力约束自己的盟国和从属国，因为他们害怕万一非洲或是其他地方任何一个微小的力量和自己同盟中任何一个国家发生矛盾，它们都可能被另外一方所拉拢和利用。所以美国和苏联都搁置与其他国家的矛盾，避免出现这种风险。现在，这种体系被打破了，每一个国家都可以自由地承担一定的风险，所以我们看到很多地方出现了局部战争，恐怖主义近期大肆崛起，而25年前这些情况很少出现。”

我问教授的最后一个问题是：“以后潜在的风险可能会出现在哪里。”“我们需要考虑哪个国家的经济会由于一次严重的恐怖袭击而遭到毁灭性打击。这也是为什么我们对最近发生在摩洛哥的恐怖袭击如此关切的原因。这个国家的经济正在快速发展，它与欧盟签有自由贸易协定，它的政治非常稳定，而且吸引了大量外国资本来投资。如果遭遇恐怖袭击，这个国家将遭受严重打击。另一方面，很难想象一次恐怖袭击能够真正阻断美国经济的发展。比如，“9·11”袭击已经非常可怕，而且造成了大量人员伤亡，但却没有让美国经济停滞。政府应该做的是要清楚自己的相对稳定性和对国外投资的吸引能力，并且在遭遇潜在的恐怖主义后努力保持全球沟通。”

值得注意的一点是，佐纳斯教授提到了“9·11”灾难“没有使美国经济停滞”。如果你和大多数美国人想法一致，你听到这样的评价时肯定会一愣，或者是完全不同意这种说法。但是世界上确实出现过，而且将来也会出现政治经济等方面的衰退，甚至还会出现一连串的事件。这些事件和其他主权政府的决定都会对我们产生影响。它们会影响我们的经济和国家政策。这种变化的因素会经常出现，同样会经常出现的还有自由市场的原则和价值观。

穆罕默德·埃尔埃利安，当市场发生碰撞时会出现什么

穆罕默德·埃尔埃利安是世界上最大的投资管理公司之一——太平洋投资管理公司（PIMCO）的CEO。他之前曾担任过哈佛管理公司（Harvard Management Company）的董事长兼CEO，当然这个公司管理的是该校350亿美元的捐赠款。他还在国际货币基金组织工作过15年，专门研究政策问题。

埃尔埃利安曾多次被彭博社、《福布斯》、《金融时报》、《拉丁金融》（*Latin Finance*）、CNBC电视台、《纽约时报》和《华尔街日报》等媒体报道。他的新书《碰撞：世界金融新版图》荣获最佳畅销书。我想知道他对于“世界经济是如何变化，以及如何相互影响”这一问题的见解。

埃尔埃利安在他的书中提到的有趣的一点是，如果现在你想理解世界经济，仅仅了解美国、日本和欧洲的经济情况已经不再足够了。投资者现在要了解其经济状况的国家数目已经比之前扩大了很多。在节目中，我问埃尔埃利安为什么理解世界其他地方的经济现在变得如此重要。

> “因为世界正在变化，而且速度非常快。如果你想知道推动世界变化的力量，你要同时看看中国、印度和巴西等国家。如果你想了解通货膨胀的情况，你同时要问问，这些国家的产品和消费情况如何呢？最后，财富正在由传统国家流向这些新兴国家。所以，无论你想知道世界经济任何方面的情况，你都要了解这些新兴经济体。”

他接下来深入解释了资本洼地日益重要的影响力，比如主权财富基金以及它们是如何动态改变世界经济的。

“我们以前大肆消费，很早就预支了我们以后的收入，所以产生了很高的债务。在这个过程中，世界上其他一些国家像中国、俄罗斯以及中东地区等聚集起了越来越多的财富。目前，像所有暴富的人一样，他们也产生了疑问：我们应该如何投资呢？”

“他们以前没有经历过富裕，所以他们的行为和传统掌握大量财富的人不太一样，因而任何想理解价格变化的投资者都必须要同时考虑这些新出现的富裕国家的情况。这也是几年之前我们遇到的一些疑问的一个重要答案。”

“中国在非洲快速扩张，但是工业国家却仍是其资金的最终归宿。我想问题不在于中国想不想在这些地方投资，而在于它能不能在这里投资。尤其是当其投资于战略领域时，会自然而然产生更多的敏感问题。”

之后我转向了另一个问题，即2007年由于次级贷款问题而导致的经济变化。这些金融机构和他们所提出的创新策略会影响人们的投资方式吗？

“嗯，肯定的。事实上，我们现在正经历一个重要的位置转换过程，这个过程反映了在2006—2007年，人们不是没有对经济变化做出一些解释，而是根本就没有意识到这些变化。这些变化对经济的破坏又由于我们在国际金融市场上的一个重要创新（而更加恶化）。（我们利用）结构性产品的衍生能力创造了神奇的按揭产品——给本来买不起房子的人提供次级贷款抵押。在这些基本的经济变化之外，我们还创造了其他产品。和人类历史上其他创新产品一样，这些产品被过度提供，也造成了过度消费。现在系统开始试图清理这些过度产品，但是这很困难，因为这和全球经济变化赶在了一起。”

“稳定的失衡”（stable disequilibrium）是埃尔埃利安的公司研究了很长时间的一个概念。他跟我们谈到了这个概念的含义以及它对投资者的行为可能造成的影响。

“长期以来，世界看起来都很平静。事实上，‘黄金时期’（Goldilocks）[1]和‘大稳定时期’两个词汇逐渐出现在人们的谈话当中。所以，人们对市场开始显示出异常的满足。我们提醒投资者要当心，我们把它叫作‘稳定的失衡’，意思就是说现在看起来很稳定，但是它的基础很不稳定，从而不可能长久持续。所以，对于投资者来说，重要的不是将赌注押在‘黄金时期’或是‘大稳定时期’上，而是要做好自我准备，以便这种‘稳定的失衡’变得不稳定时能够做出应对。这也是为什么我们很早就能对房地产市场持否定态度。当然，从去年开始，这种‘稳定的失衡’已经变成了‘不稳定的失衡’。这种状况只能当新的平衡出现时才能结束。”

然后我向埃尔埃利安询问从他的书中摘录的关于股票风险溢价的问题。目前的投资群体中有一部分人认为持有股票的收益已经消失，至少因为新的全球经济形势而变得非常低。我想知道他对于这一重要概念的想法。

① 黄金时期（Goldilocks），指一国的经济处于温和发展状态，不至于过热到引起通胀，也不至于过冷到引起衰退。——编者注

“我认为目前确实存在股票风险溢价。它不像我们希望的那么稳定且可预见，当然它也不像模型设计者所希望的那么稳定和可预见。这意味着投资者不应该只买股票，而是应该买那些在国际上分散化投资的股票和那些属于综合投资组合的股票。有个圈套是投资者不应该陷入的，但不幸的是，有些投资者已经陷入了，那就是‘嗯，既然一定会有股票溢价，那么，我就把资金大量投资于美国股票吧’。投资者不应该这么做。我们应该做的是，‘既然有股票溢价，我就要通过多样化的投资抓住它’。”

THE INVESTING REVOLUTIONARIES 小结

正如罗纳德·里根总统在他第二次的就职演讲中富有激情地陈述："当所有男人和女人都可以自由追逐梦想的时候，发展和人类进步就不会有极限。"不管是宗教、集会、言论的自由，还是做出其他任何决定的自由，追逐和掌握商业的自由是其他任何自由权的动力和契机。忘掉你在晚报上看到的新闻吧，困扰世界的麻烦永远不会全部消失。自由市场正在不断发展，你必须把所有关于它的恐惧全部扔掉。每个国家的人民都希望成功，造物主把这一点植入到我们身体当中。我们希望并且经常需要做得更好。新发现的自由给那些以前做得还不太好的人提供了很多机会。所以，我们应该感恩，而且应该保持乐观，因为乐观总是正确的选择。我希望我已经帮你更清晰地理解了资本主义的价值，同时希望你可以利用市场的优势和明显的弱点，来丰富你的投资经验。

第7章 别掉进投资的陷阱：投资者的行为与行为金融学

THE INVESTING REVOLUTIONARIES

How the World's Greatest Investors Take on Wall Street and Win in Any Market

乔治 巴顿

美国陆军四星上将，"铁胆将军"

如果所有人思考的都一样，那么有些人肯定没有思考。

美国诗人埃德温·马卡姆（Edwin Markham）曾经说过，“选择是命运的铰链”。在本章中，我将试图进入你的头脑中——这并非恶意地进入，而是希望揭示你的想法。我希望能够帮助投资者明白他是如何思考金钱和投资的，以及为什么这么思考。是什么让你选择如此对待资金？你为什么倾向于跟随大众投资？你为什么在某一金融状况中倾向于忽略机会成本，而在面临几个差别比较大的选择时会做出较差的决定？如果仔细审视你的投资行为，这些和许多其他行为的原因都会一一显现出来。

巴里·施瓦茨的悖论：为何多就是少

巴里·施瓦茨博士是斯沃斯莫尔学院（Swarthmore College）的社会理论和社会行为学教授。他来到“投资革命”节目中，和我们一起讨论他有趣的畅销书《选择的悖论：用心理学解读人的经济行为》[①]。这本书的简介中讲述了施瓦茨教授去买一条牛仔裤的故事。

① 本书简体中文版已由湛庐文化策划，浙江人民出版社出版。——编者注

他告诉了售货员他的尺寸，但是售货员的问题却雨点般地抛了过来：需要瘦一点的、休闲点的还是宽松点的？砂洗的还是仿旧的？钮排的还是拉链的？褪色的还是正式点的？他对售货员的回答是："我只是想买一条普通的牛仔裤，就是以前仅有的那种。"然而，售货员根本不知道他说的是什么样的。

在故事的结尾，施瓦茨买到了合适的牛仔裤，但是感觉却非常糟糕。他解释说，当我们的选择增加的时候，我们的标准也变多了。过去我们能买到一条合身的牛仔裤就非常满意了（因为当时只有这样的），但是现在，我们会希望它完全合身又非常好看，当然价钱也非常高了。

我们的生活中经常出现多种选择。施瓦茨说，当面临大量的选择时，所有人的行为可以被分为两类。

"最大化者，这些人总希望得到最好的：最好的巧克力棒、最好的宾馆、最好的牛仔裤、最好的邀请、最好的工作、最好的任何东西。另一种是知足者，他们会寻找一个足够好的巧克力棒、牛仔裤或是投资选择。足够好就已经非常不错了。你可以定下较高的标准，但并不一定非要得到最好的。"

"如果你希望得到最好的，只有一个办法，那就是仔细分析所有的选项。如果你没有分析所有的选项，你怎么知道剩下的那个不会恰巧是最好的呢？如果你的目标是这样的，在目前这个面临多种选择的社会中，你的生活就太可怕了。"

"另外，如果你的目标只是希望得到满意的，你只需要一个一个地查看你的巧克力棒、牛仔裤或是投资选择，只要找到那个能满足你要求的就可以了，而不用担心剩下的会是什么样。在一个可选择范围非常有限的世界里，追求完美者和知足者之间的差别并不是特别重要，但是在我们的现实生活中，这个问题却变得越来越重要。在每一个我们能想象得到的方面，追求完美的人的生活都将是异常可怕的。”

施瓦茨举了一个在食品杂货店找出285种不同甜点的例子。这无疑是大量的选择。但是在投资中做决定时所面对的选择又何止这些呢？个人投资者如何一个个分析数以千计的股票和共同基金呢？

在《选择的悖论》一书中，施瓦茨做了一个关于401(k)计划参与者的个案研究。在所研究的1 500个公司的100万人中，某个计划的参与人数和其包含的可用选择之间有着紧密的关系。选项每增加10个，参与者就会减少2%。施瓦茨指出，有些情况下雇员可能放弃雇主所提供的5 000美元的薪水，仅仅是因为他们不知道如何选择，所以干脆就什么也不选。人们没有认识到在很多情况下，任何选择都比什么都不选要好。

克服“分析瘫痪”的关键就是避免“什么都只要最好的”想法。施瓦茨说：“最大化者是受损最多的人。他们也是期望最不易被满足……最担心留下遗憾、错过机会和社会对比的人，当最终结果低于预期的时候，他们也是最失望的人。”

然而，虽然在还有其他更好的选择时，最大化者不会满足于一个决定，但是他们也会拥有和珍惜那些差强人意的结果，而不会听天由命。因为人们不可能要求每一个决定都达到完美，所以如果他们要做知足者时就会有很多时机。最大化者应该注意生活中那些觉得知足就很好的机会，不管这些机会多小都应该将其抓住。然后，面对决定的时候，他们应该形成什么是足够好的标准。把这些决定浓缩成可以满足最低的需求。

在投资生活中，这要比想象的简单得多。最大化者可能会玩华尔街的把戏——选股、预测市场并追逐回报，所有的目的都是为了超出市场表现。然而，知足者知道真正要做的决定只有一个：拥有整个市场。一旦做了决定，知足者会拥有一个完全多样化的投资组合，所有的工作已经完成了一大部分。

> “有意识地做一个知足者会让与他人之间的比较变得不那么重要，这就减少了人们觉得遗憾的机会。在我们这个复杂的、充满选择的世界里，这让内心宁静成为可能。”

不管我们愿意与否，我们都必须在信息不完整的情况下，做出很多不可逆转的决定。虽然我们生活在一个充满信息的世界，可以随时接触到很多数据，但是这种选择的悖论让人很无奈，却又无法避免。让人欣慰的是，差强人意的投资决定——拥有整个市场，并不仅仅是“够好”，它其实是最好的。在一个美丽却又讽刺的轮回中，仅仅选择差强人意的途径而非从华尔街所提供的数千选项中进行选择，知足者就已经选择了最大化者希望但永远也无法得到的选项。

贾森·茨威格，我们如何做决定

我们经常会看到有的投资者相信只要通过仔细分析、广泛调查和烦琐的计算，他们（而且只有他们）就已经发现了超出市场表现的秘密。我们经常会看到这些人弓着背将一张张复杂公式计算数据的表格联系起来。他们很专注，也很坚决。当我采访《华尔街日报》专栏作家、《当大脑遇到金钱》（*Your Money and Your Brain*）一书的作者贾森·茨威格（Jason Zweig）时，他告诉听众这些人基本上已经接近疯癫了。

茨威格的书探究了神经经济学这一领域。他称此为神经学和经济学的交叉学科，同时包含很多心理学方面的知识。它主要研究了当做金融决定时，我们大脑中所发生的情况。

茨威格说我们的大脑中有两部分经常做斗争：反射脑部（直觉方面）和深思脑部（分析方面）。

研究者把直觉性大脑称为“系统1”。这个系统反应非常快，以至于大脑的其他部分之后才能跟上。正因为这部分的作用，人们在大街上错过什么的时候才会突然转头，摸到热东西的时候才会猛然抽回手。茨威格引用加利福尼亚大学洛杉矶分校马修·利伯曼（Matthew Lieberman）的话说，直觉系统得到了“做判断和决定时的第一种依据”。直觉首先会对问题进行过滤，这样能节省我们的智力能量。

大脑的另一部分是深思性系统，这是直觉系统的支撑，同时处理一些复杂的问题。如果要求将50个州按字母顺序排列，直觉就会卡壳，这个时候深思大脑就会对问题进行细致分析。

但是这一切和投资有什么关系呢？通过认识和理解这两种截然不同的思维方式，你可以避免出现过分依赖一方面来做决定的问题。下面我们来进行细致分析。

如果你只使用反射性脑部来做投资决定，直觉会导致很多情绪化的结果。道指的任何一个下跌或股价的任何上涨都会让你心惊肉跳，手心出汗。你的反应可能是坐等快速离场的时机，或是购买其中一个“上涨之星”。但这些反应都是直觉做出来的，我们需要大脑的深思部分来对这些决定进行仔细分析。

另一方面，如果你只使用大脑的深思部分来归类、分析并计算，你就把自己陷入关于各种调查的数据和数字中，从而挤压了直觉的作用，不能快速判断出某一个决定是毫无意义的。正如茨威格所说，你“最终为了树木而失去了整片森林”。掌握“秘密公式”和大量电子表格的研究者经常会出现这样的情况。

茨威格用下面的例子证明了深思性大脑的不可靠性。假设你推着满满一推车的物品走向结账通道，心里盘算着该花多少钱。大脑中的反射性（直觉）部分会快速估计物品的数目并根据以往的经验得出大概的价钱，但是深思性方面（分析）会把每个物品的价格准确加起来，并在大脑中一直计算。茨威格说：“最终的结果很可能是经过大量努力计算了几个物品的价格之后，你就会乱套并最终放弃。”

计算神经学家曾使用计算机设计原则来研究人类大脑，他们指出深思性系统通过一种称为“树形搜索”的方法来做决定。这种方法包含一个标准的决定树，做出每个决定之后，就会出现一套新的选项。深思脑部会妥善分析经验、语言和各种结果来做每一个决定。茨威格把这比作一只蚂蚁“在一棵树的大小枝桠之间反复徘徊以找出自己想要的东西”。这种方法的问题是它受限于自己的思维和问题的复杂性。

很多投资者过分相信自己的分析能力而忽略了直觉，做投资决定时大量使用深思大脑。这在某种程度上是正确的，但是这样有可能由于过分依赖这一方面而成为自身局限性的牺牲品。大脑直觉性的方面会直接反映出这些努力很多都是无用的。如果这样的直觉被限制，你可能就会变成那只蚂蚁，在树枝和树叶之间徘徊。你可能会为了得出某一结论而做大量的工作，但是你想过没有，这个答案可能比自己认为的要简单明了得多呢？

如果你现在还不明白这一点，那么华尔街就会很喜欢你的反射性头脑，因为这样会让你快速做出一些情绪化的投资决定。兜售快速交易广告的目标客户很明显，就是有这样的反射性头脑的人。其他一些针对人们的情绪或者试图影响人们的担忧和贪欲（取决于市场的发展方向）的途径，也是为了影响投资者的反射性大脑从而影响情绪化的行为。

但是，他们不会就此罢休。如果你是那种喜欢深思（分析性）的人，华尔街同样有招数。它会持续无止境地推出一些复杂的电脑软件和产品，满足你自己分析投资选择的期望，直到你感觉自己已经做了足够的努力或者是对这一切感到厌倦而做出决定。对于喜欢深思的人来说，越是复杂的投资策略越可信。华尔街对这一点很清楚，而且暗中对这一点做了聪明的宣传。

如果你愿意的话，请找出这两者之间的平衡点，这将是你成功的关键。仁慈的造物主赐予我们这两种思维方式自有其原因。同时使用两种思维方式并采用现代资产组合理论以及非常多样化的被动投资理论吧，这样，通过在投资组合中包含所有自由资本市场，你就等于掌握了一种顶级的投资理论，这可以满足你深入分析的需求，并且提供一种让你充满信心的体系，同时也满足了倾向于直觉判断的人。

彼得·德马佐，跟风心态的五大特点

查尔斯·麦基（Charles Mackay）在他 19 世纪的经典著作《财富大癫狂：集体妄想及群众疯潮》（*Extraordinary Popular Delusions and the Madness of Crowds*）中对泡沫进行了仔细观察。“我们经常看到大量泡沫发展到疯狂的阶段，但最终都会慢慢地、一个接一个地恢复。”

根据斯坦福商学院的彼得·德马佐（Peter DeMarzo）的说法：“投资者最担心的并不是个人损失多少，而是与其他人相比，自己的表现到底有多差。”德马佐博士曾经来到“投资革命”节目中，给我们讲述了“赶上别人”的投资心理，是如何使投资者快速陷入主动管理的圈套的。下面这些内容摘自我与德马佐博士的谈话，其中的五点决定了你是否会因为跟风而偏离了成功的投资途径。

- 跟风投资者很担心周围人都发财了而唯独自己还处于贫困中，这种担忧让投资者对投资原则和节省技巧产生疑问。他们对市场失去耐心，可能仅仅为了大赚一笔的期望而购买定价过高的资产。这种一时的走神可能导致长时间的失望。
- 为了避免被落下，跟风投资者会选择和别人相似的投资组合，而不会根据自身需要设计出一个金融计划。正如我们每个人所住房屋的设计都不会完全相同，每个人也都需要自己的金融蓝图。根据别人的做法进行投资选择，永远不可能给自己的金融之路给予安全保证。

- 带有跟风心理的投资者遭受损失时会有同病相怜的感觉——毕竟，他们遭受了同样的不幸，这在某种程度上能够给予安慰。然而，这种安慰会产生误导，他们都患上了古老的同病相怜症。
- 跟风投资者会把注意力集中于空中楼阁式的机会，幻想着能够抓到"下一条大鱼"。这种态度的最终结果只能是冒险跟随大笔资金已经走过的路，或者将钱丢在蹩脚的、不会产生任何成果和利润的想法上。这让我们想起了高科技、房地产和黄金泡沫。
- 跟风投资者害怕别的"同类"知道一些自己不知道的信息，而且想当然地认为"篱笆另一面的草必然更嫩"。但是全球范围内进行分散投资的投资者总是能享受篱笆两边多汁的嫩草。

跟风经常导致购买定价过高的资产却得到平平的收益。自由资本市场是一片满是丰硕果实的沃土，但是你必须足够聪明，而且愿意走别人很少走的路，这也是华尔街和其幕僚不希望你走的道路。

彼得·伯恩斯坦，为什么损失的伤害如此之大

我曾和彼得·伯恩斯坦做过两次发人深思的采访，第一次是在2006年的夏天。彼得·伯恩斯坦是世界著名畅销书《与天为敌：风险探索传奇》（*Against the Gods: The Remarkable Story of Risk*）的作者，这本引人入胜的书籍不仅让我了解了关于股市风险和收益的很多见解，同时也提供了生活中很多其他方面的观点。因为这本书非常迷人，所以当邀请到伯恩斯坦做嘉宾时我也异常激动。

在《与天为敌》一书中，伯恩斯坦介绍了丹尼尔·伯努利（Daniel

Bernoulli）于 18 世纪早期在圣彼得堡所做的工作。他解释说，伯努利的贡献就是区分了价值与风险，其观点如伯努利本人所说，“财富任何小的增长所产生的效用和之前所得到的好处都是成反比的。”“现在所拥有的和之后将得到的（或损失的）之间存在逆向关系”的观点是个革命性的概念。

在经济理论中，效用是指某人从消费某一商品或服务的过程中所产生的满足或愉悦。效用消减的概念可以解释，投资者在努力得到收益之前为什么要极力避免损失。

如伯恩斯坦所解释的：“效用意味着某一事物对于我的价值。每一个人都由不同的效用构成。一个汉堡对你的效用可能比较大，但是意大利面对我的效用可能就更大些。所以每个人对价值的感觉都不一样。当你变得富有的时候，之后得到同样数量的财富意义可能就不如之前大。如果你现在有 5 000 美元，之后财富增加到 10 000 美元，这就太好了。但是如果再增加到 15 000 美元，这也不错，但是却没有从 5 000 美元到 10 000 美元的意义大，同样从 15 000 美元到 20 000 美元的结果也是一样。随着得到更多的财富，它们的价值也就比不上最初的价值。随着你的资本的增加，你可能愿意承担更小的风险，同时付出更多的精力来保持财富。”

另一个例子也可以清楚地说明这个概念。一个拥有 10 万美元本金的人有理由期望获得 10% 的收益（标准普尔 500 指数在过去 41 年中的平均收益率是 10.8%），并且会感到很满足、很高兴。不用期望更高的收益，目前这样已经不错了。但是如果这个投资者损失了 10%，他就只剩下 9 万美元了。

大多数投资者都不会希望真正遭受损失，任何时候都是这样。在过去的41年中，标准普尔500指数有9年为负收益，所占比例为22%，但是投资者经常忽略“市场会下跌”这样的事实。同样，为了扭转败局并弥补损失，下跌10%的资产在下一年的收益必须达到11.1%，这样才能有终于赶上别人的感觉。不仅如此，第二年中没有实现的10%的收益其机会成本也在增加，这种问题也必须被考虑在内，所以机会成本也被计入损失之内。为了一切能够如愿，第二年的收益应该是10%的损失加上机会成本，也就是22%。

现在你可以看到，投资组合如果没有满足之前的期望（在本例中是实现10%的收益），而是导致资金价值缩水则会产生巨大的压力。不仅如此，作为人类（尤其是美国人），我们都快被宠坏了。当能够实现10%的收益时，我们期望下次的收益是11%。而当我们连续八九年都获得收益时，感觉似乎就不会遭受损失了。我们都期望处于愉悦当中而非被痛苦所包围。但事实是，投资回报并不会每年都实现所期望的收益。当分析标准普尔500指数时会看到，在1969—2007年的39年中，只有3年的收益在8%~12%之间。

也许23个世纪前的古希腊哲学家伊壁鸠鲁给出了最好的总结。他写道，“富人获得财富时给予我们的快乐，总是没有他们遭受损失时带给我们的折磨多。”我希望你现在对于损失的感觉有了清醒的认识，并且能够明白这些感觉都很正常。确实，还是好消息多。如果你对普通投资者的行为有了恰当的认识，这种感觉也不一定会出现。

错失的机会：畏惧税

生活中充满了选择。充满不同的选择有好的方面，也有不好的方面。因为担心下雨，你可以带一把伞去上班，但这却需要在上下班的路上多带一样东西。午饭时间做些运动呢，还是与朋友或同事共进午餐呢？放松一下，看看自己最喜欢的电视节目呢，还是用这些时间来陪陪孩子呢？我们总是面临各种选择，有大的也有小的。

但是有些决定，包括涉及投资和资产组合的决定，会产生长期的效果。比如，目前是否要做把钱投入到股市中这样重大的决定。如果你决定入市，下一个问题又产生了，什么时候入？我们有机会随着市场的前进而获益，但同时有可能因为市场的收缩而遭受损失。

市场的一般概念都可以理解，但是还有一些我们不知道的信息。没人知道什么时间市场将走向何方，也不知道会走多远。面对着这样的决定，你可能会选择采取“安全”的途径，购买债券，把钱存入银行或是压在床垫下。这种决定不涉及机会成本的问题，我有时候把这种行为称为“畏惧税”。根据经济学家的定义，机会成本是错过某个机会所产生的成本（和如果利用此次机会可能获得的收益）。为了计算机会成本，当做决定的时候，我们不仅需要考虑错过的成本，同时需要考虑可能从该机会中获取的收益。

当处于股市的两难境地而需要考虑机会成本时，我们必须考虑市场下一步的走势和不入场需要放弃的东西。

2000 年 3 月至 2002 年 10 月的熊市以及随后出现的牛市，生动地解释了这一概念的用途。此轮熊市造成的损失在 10%~40% 之间（部分投资者的损失可能更高），但是随后牛市中的增长率达到了

149%（2003 年 1 月 1 日至 2007 年 10 月 31 日）。

为了更充分地说明机会成本的影响，假设你经受住了此轮熊市，但是在 2002 年 10 月，你认为自己已经不能再忍受了，所以离开了市场而且没有重新返回。结果就是你不仅遭受了熊市中的损失，同时也没能利用好之后出现的 149% 的增长。最初的损失并不是很大，但整体的损失却因机会成本而大大增加。虽然这部分损失在投资组合中没有真正以货币的形式表现出来，但是意识到错失的利润仍然让人觉得很心痛。如果能够坚持下来就很容易得到这部分利润。

事实上，假设每次熊市之后你都会收到一张 W-2 示例（见图 7—1），即由于机会成本而付出的“畏惧税”，你或许就能注意到这一点，并永远保持满仓投资。

<table>
<tr><td colspan="2">付款人姓名 街道地址 市名 州名
邮编 电话

牛市</td><td>付款人 RTN（可选）</td><td>美国政府管理预算
局第 1234-5678 号
2003—07
分类 1099-FEAR</td><td></td></tr>
<tr><td>付款人联盟编号</td><td>收款人身份证号</td><td colspan="2">（1）表格 3 之外的利息收益
$ 收益</td><td rowspan="4">副本

收件人留存

该重要假设信息举例说明了由 JWA MRB 表明的 2003 年 1 月 1 日到 2007 年 10 月 31 日的总收益额。你的投资是否合适呢？</td></tr>
<tr><td colspan="2" rowspan="2">收款人姓名
Chicken L. Investor

街道地址（包括门牌号码）
榆树街 123 号

市名 州名 邮编
某镇 美国 12345</td><td>（2）提前支取罚金
$</td><td>（3）2003 年 1 月 1 日开始的投资组合总市值
$ 1 000 000.00</td></tr>
<tr><td>（4）所扣联邦所得税
$</td><td>（5）到 2007 年 10 月 31 日尚未投资所产生的税金
$ 1 591 186.00</td></tr>
<tr><td colspan="2">账号（参见说明）</td><td>（6）所付外地税款
$</td><td>（7）在国外或在美资产</td></tr>
</table>

分类 1099-FEAR （并非官方纳税申报表） JWA 财团股份有限公司

图 7—1 W-2 示例

不管是生活中的日常决定还是在股市中进行投资，我们都必须考虑机会成本，以充分理解所有决定可能产生的全部好处（或缺陷）。

再说一次，如果投资者能真正理解了市场的运行规律，“畏惧税”就可以完全避免。

理查德·泰勒，成交不成交

最吸引人的黄金时段游戏竞赛电视节目，应属由霍伊·曼德尔（Howie Mandel）主持的《成交不成交》（Deal or No Deal）。在这个节目中，首先有26个盒子供参赛者选择，在每个盒子中装有从1美分到100万美元数量不等的美金（在广告周可能更多）。节目开始之前，参赛者要选择一个盒子作为自己胜利的奖品，但是却不能打开。剩下的盒子每次打开一个，通过排除可以逐渐决定所选的盒子中的资金数量。在整个过程中有一个“银行家”会提供诱人的条件，吸引参赛者放弃比赛，他开出的条件会根据已经打开的盒子中资金数量的大小进行适当调整。每开出一个条件，参赛者就要决定“成交不成交”。如果参赛者拒绝了条件，就继续比赛，打开剩下的盒子。

我们在“投资革命”节目中采访了芝加哥大学商学院的金融和行为科学教授理查德·泰勒（Richard Thaler）博士。他被很多人认为是行为经济学的创始人。行为经济学是把心理学研究和经济学理论结合起来的一个领域。他的著作《助推：事关健康、财富与快乐的最佳选择》（*Nudge: Improving Decisions About Health, Wealth and Happiness*）主要说明了当制定商业和公共政策时，可以考虑如何让人们更好地为了自己的利益而采取行动。

他同时非常喜欢《成交不成交》节目中所倡导的观念，并和其他三个荷兰经济学家合写了一篇论文，标题为《成交不成交？一个高回报节目中面对风险的决策过程》（*Deal or No Deal? Decision Making under Risk in a Large-Payoff Game Show*）。

泰勒教授在节目中对这个观念给予了解释："嗯，你可以看到，这个节目提供了大量机会来观察人们在面临巨大的奖励时该如何决策，人们的每一个决定都涉及几十万美金。我们在节目中的一个最有意思的发现是，由于节目的不同进展，人们的决定也有很大区别。如果人们一味地追求高额的奖励最终却没有实现，就将面临很大的风险。在股市中也经常看到这样的情况，当价格下跌时，人们不愿意接受损失并离开市场。"

《成交不成交》节目是人们在股市中需要做决定时的最佳写照。我决定对两者之间的相似性进行研究，并为听众做出如下摘要。

- 令人发狂的民众。《成交不成交》节目的气氛酷似古罗马竞技场。观众被参赛者的处境所感染，经常会大喊"不成交！不成交！"华尔街也经常会对投资者发出同样的呼喊："继续！继续！肯定能大赚的！"只是叫嚷的形式更隐蔽而已。这种反复吟唱对投资者产生的诱惑与观众的呐喊对参赛者的影响效果相同。但是和华尔街一样，这样的冒险丝毫影响不到观众的利益——只是影响你的。
- 情绪。经过一轮比赛之后，参赛者的家人会被请上舞台来提供建议。当参赛者为了做决定而挣扎时，其配偶、父母或孩子还会提出自己的建议。当我们做投资决定时，肯定不能免除情绪的影响（就像感恩节中弟弟提出的建议给你带来的压力一样）。当这关乎家庭的前途时，所做的决定就会涉及更大的利益。有些人会采取安全策略，有些人会选择冒险，但没有一个选择是出于自己的想法。很多情况下这些观点并不相同，这时情绪就会起很大作用。

- 愧疚与投机。一个《成交不成交》的参赛者在节目中对比了很长时间，最后欣然接受得到 701 000 美元的条件。当参赛者接受条件之后，主持人霍伊·曼德尔都会让投资者看看如果节目继续进行会出现的情况。在这位女士的节目中，她可能得到的比银行家提供的多得多，可以达到 100 万美元。她通过一天的努力得到 701 000 美元已经不少了，尤其是节目之前一无所有，节目之后挣了一大笔钱。但是，当她接受了条件，本来有希望得到的钱白白流走的时候，她脸上出现了明显的失望和后悔（更别提观众的叹息了）。投资者卖出股票并挣了一笔之后也会出现同样的情况——当看到股价继续上涨时，他们同样会后悔并且有挫败感。

但是这个节目中同样也包含一些好的经验。正如主持人所说，成功的关键是来之前制定一个计划并能一直坚持。如果参赛者来之前有计划——比如说“达到 10 万美金”，但是由于受灯光和观众的影响而在节目中改变了计划，这也会出现问题。曼德尔说：“你需要坚持计划而不能受情绪的影响。”

股市这个游戏也能给我们带来好处，但是我们必须有计划。“计划”并不是要预测时机并进行挑选，而是要根据自身的特殊情况制定书面的金融计划。自身情况包括：资产、负债、风险承受能力和目标等。

如果你想了解投资对于大多数人的意义，你可以看看《成交不成交》节目。同时，当华尔街聚光灯和观众诱惑你的时候，请记住这三个字：不成交。

奥瑞·布莱福曼，什么会使你摇摆

2008年8月，我们邀请作家奥瑞·布莱福曼到节目中讨论他的最新著作，《纽约时报》畅销书《摇摆——难以抗拒的非理性诱惑》（*SWAY:The Irresistible Pull of Irrational Behavior*）。不写作的时候，布莱福曼就在世界各地进行演讲，听众包括《财富》500强、政府部门和军队等。他在斯坦福大学商学院取得了MBA学位，并和他人合著了另外一本非常成功的著作《海星模式》（*The Starfish and the Spider*）。

如果我们要更改节目形式，我想可能会谈论体育、政治或是心理学，尤其是谈论心理学的想法经常会出现在我的脑海中。布莱福曼研究了股价的快速下跌及其与心理学之间的关系，以及两个问题之间的很多其他话题，以便解释直觉判断如何能够在我们的行为中起到如此关键的作用。他谈论了他的研究和“摇摆”的真正内涵。

> “我弟弟是名心理学家，我们过去经常谈论为什么非常理性的人——行政主管人员、飞行员和法官等，会做出非理性的决定，所以一起写了这本书。我们讨论的最终结果就是，人们一般都会做出理性的决定，但在对某些事情感到非常兴奋、激动或是悲伤的时候，同样可能做出非理性的决定。但事实上在这之外还有第三种情况，就是我们所称的‘摇摆’，这是一种在没有意识到的情况下触发非理性行为的心理暗流，我们都对这个问题非常感兴趣。每个人都会做出非理性决定，却没有意识到自己正处于非理性状态。”

他的书中另一个非常有意思的观点就是关于金钱刺激以及这种方法是多么具有欺骗性。他这么向听众解释。

"直觉上，你肯定认为为了更好地激励别人，(比如)雇员，最好的方法就是付给他们钱。以色列曾经有过一个研究，在GMAT测试（商学院入学学术能力测试）中，研究人员对考生说：'请尽力考好，参加这个考试会对你有很大的帮助。'之后他们抽查了40个学生的成绩。"

"然后他们选择了另一组学生并对它们说了完全相同的话，但他们还说：'每做对一道题我们将付给你2.5美分'。你肯定认为这部分学生有更强的动力来好好表现，但真正的结果却恰恰相反。被付钱的这部分学生的测试成绩比第一组差得多。"

"这种情况出现的原因是，我们的大脑分为两部分，其中一个是社会或利他主义中心，这部分会驱使我们提供帮助却不求回报；大脑的另一部分被称为'愉悦中心'，就像拉斯维加斯一样，这部分考虑的是性、吸毒和摇滚乐等。金钱刺激是对这部分真正起作用。所以当把金钱引入到我们的大脑方程式中的时候，就必须抹掉利他主义，因而可能产生违反直觉的结果。"

布莱福曼讨论的另一个有趣的概念是价值属性，这也是华尔街经常使用的一个非常重要的市场营销策略。他讲述了他的书中提到的一个"内森著名的热狗店"（Nathan's Famous Hot Dogs）的故事。

"一旦你给某个人或是某样物品赋予了一定的价值，这种价值就很难改变。20世纪早期，一个叫内森的人从妻子那里得到了一个制作热狗的秘方。他不仅发现了制作美味的热狗的方法，而且找到了以纽约竞争对手一半的价格销售热狗的途径。所以他就开了自己的热狗店，因为他的热狗更好，价格也更便宜，所以他就希望每个人都来他这里。但是却没有一个人来。”

“真正的原因是人们认为他的热狗肯定是质量不高的东西。你可以想象一下，‘嗯，你知道，它的价格只是别人的一半，质量怎么可能会很好呢？’最终他不得不付钱给朋友们，请他们穿上医生的衣服，站在他的店外吃热狗。只有这时人们才到他的店里来，也是从这时开始，他的店才成为‘内森著名的热狗店’。因为人们会想‘既然医生都在吃，这些热狗的质量肯定没问题，我为什么不能买呢？’但是在这之前，人们只认为这是便宜货。”

“所以，如果你想通过半价销售来击败对手的话，可能会出现一些非理性的情况，人们会认为你的东西是便宜货。所以有时最好的方法是提升价格而非降价。”

最后，我询问布莱福曼他所做的关于《谁想成为百万富翁》（*Who Wants to Be a Millionaire*）节目在俄罗斯和法国播出情况的研究。俄罗斯和法国的观众在这类节目中的反应可以对金融活动中的一些关于公正的问题给予文化方面的解释。随着世界经济逐渐向全球化发展，研究不同文化习惯的问题变得越来越重要。

“在美国，《谁想成为百万富翁》参赛者的最好选择就是征求观众意见。大多数情况下，观众都是对的，你可以从大多数人的观点中获得巨大的利益。但是在俄罗斯遇到这种情况的时候，观众会故意给参赛者提供错误的答案。这种情况出现的次数很多，以至于组织方不得不取消了咨询观众这个选项。”

“在俄罗斯出现这种行为的原因是，如果某一个人的表现超出群体，他就很难被群体所接收。‘为什么这个家伙赢了而我却什么也没得到呢？'所以人们应该重点注意这样一种事实，那就是公正不仅是在决策中，在某一个人的声音是否被别人听到这样的情况中也起了非常重要的作用。"

"结果是，不仅俄罗斯和美国对于公正有不同的认识，就是风险投资人在衡量自己要给予投资的公司是否成功时也不是基于公司能盈利多少，而是基于公司的 CEO 给他打了多少次电话。打电话最频繁的 CEO 可能被风险投资人认为是最成功的 CEO，因为他们认为自己的声音被别人听到了，这一点非常重要。"

从布莱福曼的研究中很容易发现为什么很多投资者会"摇摆"向不成熟的投资决定。关键是投资者要理解这些行为，并且在理解之后要避免出现这些情况。

加里·贝克尔，社会资本与人力资本

2007 年 12 月，我们有机会在"投资革命"节目中采访另一位诺贝尔奖得主加里·贝克尔。他 1992 年获得了诺贝尔经济学奖，同时是胡佛研究院（Hoover Institution）资深研究员，芝加哥大学经济学和社会学教授，也是《社会经济学》(*Social Economics*) 一书的作者。贝克尔教授因在人力资源、家庭经济学方面的专业知识，以及对犯罪、歧视和人口的经济学研究而被公众所认可。

人力资源与我们日常决定之间的关系是一个有趣的话题。贝克尔教授在采访中开篇是这么讲述这个话题的：

"人力资源是指人们所掌握的知识、信息、技能和学习能力，是日常生活中的一个重要方面。在现代社会中，知识和信息是选择、财富、收入、盈利，甚至包括健康等人们所感兴趣的其他一切东西的流通形式。所以它和人们日常生活中的一切决定都密切相关。”

他还引用萧伯纳的话道：“‘经济是充分利用人生的艺术。’经济学家的观点是，它能帮助人们做决定，这些决定虽然对我们的每一分钱都很重要，但是却不局限于金钱方面，它还涉及方方面面的选择。我还研究过诸如结婚、离婚、生儿育女、犯罪和吸毒等其他问题。”

贝克尔教授还研究过“社会资本”这一概念。他向观众解释了社会资本和人力资本之间的联系和差异。

“我倾向于认为社会资本是人力资本的特殊方面或特殊形式，它不是简单地涉及人的学习和技巧以及这些技巧与经济的关系，同时可能涉及一个人的行为、技术和知识与其他人的紧密关系。它把不同人们之间的行为联系起来了。这也就是我们常说的‘社会资本’的含义。”

“社会资本经常被提到的一个方面是如果我和邻居的关系非常好，当他们看到一些人试图进入我家而他们又不认识的时候，他们就会报警——这是社会资本的一个方面。他们会考虑我的安全，所以，他们会帮我解决困难。”

在《社会经济学》一书中，贝克尔把标准的个人效用功能扩展到不仅包括商品和服务，同时还包括影响某人决定和行为的环境。我问他为什么一定要把传统的概念扩展到同时包含环境，这是否能让我们对自己了解更多。他的回答印证了海明威的名言“没有谁是一座孤岛”。

“我们作为个人并不是单独地起作用的。很多传统的经济学理论形成的前提是认为我们都是相互孤立的。当然，存在着市场，我们在其中工作并购买货物，但是我们并没有直接和其他人产生联系。”

“我们对现代生活或现代经济比较熟悉的是，我们通过不同的方式和周围环境、其他我们可能直接相互作用的个人——比如我们的配偶、子女、邻居或同事等，以及通过（不同）方式对我们产生影响的人之间存在密切关系。比如同事，他们对我们会产生影响，这不仅是因为我们在同样的公司工作或者干同样的活，还因为我们之间存在着一定的关系。”

在股市中我们经常讨论“均值回归”，这个术语的含义是指经过一段时间，市场会回归到期望的均等收益水平。同样有趣的是，我们注意到均值回归也会出现在其他领域。贝克尔如此解释。

“有些事情，尤其是一些让人烦恼的事情，虽然会引起痛苦，但是由于不会持续发生，我们也不会对其习惯。比如儿童夭折。我认为人们肯定不会习惯于这种事情。痛苦会慢慢减少，一切会在某种程度上回归到原来的状态，但是这种痛苦不会永远完结。”

这个反复出现的概念指代的就是那种痛苦，它存在于各个行业，包括投资行业，要接受它并不容易。痛苦的感觉很难在短时间内轻易消失。

与此同时，快乐和成功却总是很快就过去。我们在付出努力后收获成就与满足，然后为了更大的成就与更多的满足继续前行。

我认为真正的挑战在于，无论身处何种环境，都能够获得满足感，无论做什么都能用尽全力做到最好。这会给我们的生活带来无限的满足与喜悦。幸运的是，这个时代为我们提供了这样的机会。

蒂姆·哈福德，卧底经济学

2008年9月，《金融时报》的蒂姆·哈福德（Tim Harford）从伦敦第二次来到“投资革命”节目中。他称自己为“卧底经济学家”并以此为题写了一本书。

虽然经济学被认为是无趣的学科，很难和令人兴奋的侦探故事扯上关系，但我还是喜欢称哈福德为“詹姆斯·邦德式的经济学家”。他所给出的、有关我们日常生活中经济问题的观点，是他的著作中最有趣的部分。

他解释道：“我平时喜欢在星巴克或Whole Foods（美国有机商品超市）的分店转悠，或是就像普通人一样过自己的生活。我经常观察周围的世界，观察其他人在做什么，并从中发现所蕴含的经济道理。”

“我这样经常会很兴奋，却让朋友觉得很无奈。我说过：‘我将把日常生活中所隐藏的经济学原理全部写出来’，我的著作就是这样出现的。”

哈福德最近的一本书是《生活的逻辑：非理性世界中的理性经济学》（*The Logic of Life: The Rational Economics of an Irrational World*）。书中的宣传语称其“阐释了性、拉斯维加斯、离婚、你的老板的行为等一切事物下隐藏的社会秩序”。

这听起来似乎和经济学不沾边，所以我问哈福德这些话题更适合哪些学科。

对此他解释了我们是如何无意识地衡量成本和利益的，而且所衡量的并不仅仅是领养老金或是在这个或那个商店买咖啡的成本和利益。“结婚、约会、性、去拉斯维加斯放松、办公室行为、犯罪甚至吸毒都涉及成本和收益。这种成本并不一定是金融学上的成本，或许是其他方面的，比如健康成本、地位成本，或是觉得有些事情有意思或者可怕等。”

《生活的逻辑》一书的观点是我们会衡量这些成本和利益，但是对其却不很清楚。当你通过经济学家的数据和理论仔细分析这些事情的时候就能发现人们是如何衡量这些成本和利益并进行取舍的，虽然事实上他们并没有意识到自己的这种行为。

哈福德列举了行为主义经济学家的一些经典试验的例子，来说明这是如何挑战传统经济学家一直以来的假设的。他向观众讲述了一些经济学家对一些学生做的小实验。

他们请学生填了一份问卷调查，但这份问卷只是个诱饵。学生填完调查问卷后，他们告诉学生：“非常感谢你们帮我们做了这个试验，为了表到我们的谢意，我们想赠送你们一些小吃作为感谢。你们想要什么呢？一个水果还是一根巧克力棒？”几乎所有学生都选择了巧克力棒。

他们之后又随机挑选了另外一些学生并让他们填写调查问卷。之后，实验者给学生提供的选项稍有不同。他们说：“非常感谢你们的帮助。我们会赠送你们一些东西，并会在下周送到你们的手中，你们下周想要什么呢？水果还是巧克力棒？当学生们的选择被推迟到一周以后的时候，大部分学生选择了营养丰富的苹果而非巧克力棒。

哈福德解释道："他们改变了自己的行为，因为放弃甜点这种痛苦被推迟到了一周以后。一周后，这个试验继续进行时实验者说：'我们把苹果带来了，但是如果你想换的话，现在还可以换成巧克力棒。'学生会马上改变自己的选择。所以，学生会做出这种不一致的决定。这种实验让经济学家明白了我们在做出短期决定和长期决定时的不同反应。"

哈福德讲述这个试验的时候，我马上想到了投资者是如何对自己的养老金做出同样不理性的决定的。他们考虑将来的情况时非常理性，但做出决定的一刹那却经常会冲动。

也就是说，他们可以看到长期计划的合理性和市场会随着时间的发展而恢复，但是看到眼前的下跌时却很容易感情用事。这是一种有趣的比较。

一般来说，经济学家对任何现象都有自己的专业术语，他们把这种现象称为"双曲贴现率"。意思是说，如果一个人要立即做出决定，他会考虑当前的利益，避免当前的痛苦，即使相反的行为从长期来看能够带来更多的好处。

哈福德解释说："对于同样的决定，如果被推迟到一周、一个月或一年之后，你肯定会做出不同的选择。所以，如果你立刻被要求锻炼身体肯定会比较反感，但如果有人问你：'你愿意一个月以后开始锻炼身体吗？'你肯定会说：'噢，是的，我知道这会比较痛苦，但这对我有好处。’之后在逐渐接近这种痛苦来临的过程中，你可能会突然改变自己的想法。”

作为投资者，你必须明白区别短期和长期决定的重要性，同时要明白所有的投资决定本质上都是长期的。仅仅明白了这一点就可能让你无忧无虑地获得巨大的成功，而非只是表现平平或遭受失败。

THE INVESTING REVOLUTIONARIES 小结

当你通过我们的所有试验学习了别人的做法时，我希望你从本章所讨论的信息中反思一下自己的行为倾向。年轻时父亲曾对我说："儿子，多从别人的错误中学习吧，因为你没有时间、也没有金钱来经历所有这些错误。"

有一个令人信服的说法是，很多时候我们是自己最可怕的敌人。以我和投资者一起工作23年的经历来看，这一点真的非常正确。我相信一个战胜我们"自己"的有效方法是通过专业的指导设计一份书面的金融计划。这么一个简单的行动就能让你避免经常出现的情绪化决定。纸和笔经常能创造奇迹，你内心考虑并下定决心要做得更好是一回事，但真正把它写在纸上又是另一回事了。

第8章 百万美元的神话：三个永恒的投资原则

THE INVESTING REVOLUTIONARIES

How the World's Greatest Investors Take on Wall Street and Win in Any Market

托马斯·富勒
英国学者，布道师

不担心将来的人才能享受当前的时光。

本杰明·富兰克林曾经说过："如果不把每件事情都准备好，那你就准备好接受失败吧！"在本章中，你将看到一些新的观点，同时也有对前面一些观点的重复说明，这将引导你在金融计划和投资领域形成更清楚的个人想法。我希望本章的这些总结性概念，能够帮助你将注意力集中于金融生活的重要方面，并且，如一个老牧师所说，避免陷入"本末倒置"的状况。

百万美元的神话

当里吉斯·菲尔宾（Regis Philbin）第一次出现在荧屏，并向观众提问"谁想成为百万富翁"后，他的节目很快就获得了成功。这不仅是因为几乎所有人都想成为百万富翁，更因为这个节目让这种想法成为可能。

100 万美元一直以来都是金钱概念上的圣杯，是很多人相信能够带来期待已久的宽慰的金融底线。然而，和其他神圣的东西一样，100 万美元也被笼罩了太多神秘的色彩。

一个好消息是，现在100万美元是一个完全可以企及的目标，有更多的人达到了“挣到100万美元”的标准。据《华尔街日报》报道，目前全世界范围内有超过1 000万个百万富翁，其净资产总和达到了40万亿美元。在这些资产中，大约30%集中在美国，约300万个百万富翁共持有约11万亿美元的资产。这个消息很让人激动，但同时应该看到，在美国最富有的年龄阶段，即55~64岁之间（马上面临退休）的人平均持有的、包括房屋资产在内的家庭资产，不足25万美元。

只有2%的人能够带着名下的100万美元的资产进入退休阶段。

问题产生了，既然赚到100万美元成为可能，而且有更多的人实现这一目标，那为什么还有那么多人达不到这个水平呢？答案很可能是，虽然100万美元成为可能，但实现这个目标并不像我们看到的那么简单。要实现任何金融目标，远不像参加电视节目比赛在荒岛上谁存活的时间更长，或者在银行家的注视下准确拿到盒子那么简单。虽然很多人嘲笑好莱坞的快速致富只是幻想，但当华尔街给出同样的幻想时，却有很多人可能上当。与很多人被引导并相信的正好相反，赚到100万美元很难通过投资炙手可热的股票，或者放弃一杯咖啡省下一点钱来实现。

继续研究表明，绝大多数的百万富翁都是通过在自己喜欢的领域努力工作挣到这些钱的。但是，事实上，在追求达到百万财产的过程中，最可信赖的还是股市。请看这个事实：如果在1973年1月的熊市中期，你每月定期进行投资，并定下目标到2007年年底实现资产过百万，那么只需要每个月投入82.56美元。在市场年收益率达到14.8%（这段时间的真实收益）的情况下，这完全可以通过 100% 的股票投资组合来实现。自由市场的奇迹和复利效应真的可以让你实现这个目标。

关于百万神话（不管如何实现）的另一个事实是，这和以前的情况完全不同了。“投资革命”节目嘉宾，专栏作家乔纳森·克莱门特（Jonathan Clements）曾在《华尔街日报》中提出，由于最近20 年的通货膨胀，现在的 100 万美元的购买力只是 1987 年的 54%。下面是一个现实的示例，如果在 55 岁时，你发现自己的应税账户中的资产达到了 100 万美元，并且准备停止工作并以这些钱为生，直到 95 岁。你从这个投资组合中可以得到的年均税后收益为 49 105 美元，这个前提是年均投资收益为 8%，平均收入所得税率为 10%，且不考虑通货膨胀的侵蚀效应和收入税率是否会升高。这个收入数据可能比那些期望资产达到百万的人所盼望的，要低得多。

退休计划成功的关键并不是达到多少量，而是一定的百分比：不是指投资组合回报百分比，而是个人书面金融计划中关于自己的百分比。通过分析个人金融资源、目标、习惯、需求和风险承受能力，你就能形成正确的退休方案和个人计划百分比（Personal Plan Percentage，PPP）。如果这个百分比达到或超过 100%，就表明你有足够的金融资源来实现所列的目标，并满足期望的生活条件，直到 95 岁（这是很多计划中所用的目标年龄）。如果分析所有的金融数据后，你的这一百分比达到了 125% 的水平，那就更好了！这意味着你目前有超过 25% 的经济条件来舒适地度过余生。你有条件来改善自己的退休生活，也有能力在去世之前给自己所爱的人留更多的财产或者做更多的捐赠。但是，如果这个数字仅仅是 85%，那你就需要做些努力了。这并不是说你一定要对此非常恐慌，但你应该清楚自己的现实情况，并尽早做一些调整或改进的工作。

当你审视自己的个人计划百分比的时候，可能会发现它经常变化。市场会有涨跌，生活中会有意外花费或得到意外之财，有时还有可能在短期之内改变自己的消费计划、投资计划等等。但是，你应该提前考虑所有此类因素（最好提前考虑一年），以便评估自己的发展并更好地掌握自己的金融情况。

不管你是希望达到超过百万美元的投资目标，还是仅仅保持当前的状况，你都应该有一个翔实的书面金融计划。你的退休金的最终数额，除了依赖于努力的工作和明智的投资外，还需要一个好的计划。

社会责任投资

当被问及“你认为做一个好公民重要吗”这样的问题时，我相信我们的国家中很少有人会回答“不”。我们都希望成为一个有社会责任感的人，都盼望家庭、社区或环境变得越来越好。在这方面，我经常使用的一个词语是“管家职责”，也就是说，我们都希望把祖先、父母或是造物主流传下来的东西发扬得更好。

但是这和投资活动有什么关系呢？一个人的价值观和社会责任感又如何算作投资组合的一部分呢？亨利·戴维·梭罗（Henry David Thoreau）曾说过：“善良是唯一不会失败的投资。”我们的投资中又如何能体现出善良呢？很多人相信答案就是投资界中的一个流行趋势——社会责任投资（Socially Responsible Investing，SRI）。

根据社会责任投资论坛（Social Investment Forum）的报告，有超过 2.71 万亿美元的资金（接近美国当前专业管理资产的 1/9）是按照不同形式的社会责任原则投资的。在如此大规模的社会责任投资中，出现了其他一些相似的投资方法。有些人把“社会责任”和“左派”政治观点结合起来，进而探寻其他形式的 SRI 共同基金，有的则会使用其他一些名称，比如“道德责任”甚至“圣经责任”。据晨星公司报道，此类投资的规模已经从 1997 年的 5 亿美元增长到了 2007 年的 170 亿美元。这些情况的出现真的完全是因为增加了对影响地球的问题的认识，或者很多美国人希望用自己的生命来实现自己的信念吗？是不是操纵华尔街的大佬和那些聪明的营销技巧促进了 SRI 的极大发展呢？这个问题需要仔细地分析。

有一个事实是，当今世界上每 100 个最大的经济体中有 51 个是以公司的形式出现的，而 100 个最大的跨国公司控制着大约 20% 的国外资产（此处的 100 是以大集团为单位），当今有多达 40% 的世界贸易发生在这些公司之间。我们应该考虑这些公司经济体如何运营他们的业务吗？当然应该！

作家布鲁斯·派塞基（Bruce Piasecki）在他的著作《世界公司》（*World, Inc.*）中说道：随着权力更快速地向商业集中，世界正在寻求由公司而非政府来解决某些问题。对于刚才的问题，我期望的答案是，不管我们想成为“社会的”、“道德的”还是“圣经上的”负责的投资者，我们都应该同时从金融的角度来考虑此类投资的可行性和实用性，以及如何坚持我们每个人都想在内心中保持的价值观，然而达到这种平衡非常困难。

首先让我们来看金融方面。为了讨论的方便，我把前面提到的SRI的三个方面作为一个整体，当涉及SRI时首先要考虑的就是所要使用的最适合自己价值选择的社会问题。是气候、国防条约或分散投资吗？还是天主教教义、反对节育或禁言？你是提倡节能、环保和经理补贴酬金呢，还是反对酗酒和赌博呢？

我们会发现，积极和消极两方面的人的数量都非常庞大，以至于找到和自己的价值观正好吻合的基金或基金家族将是一项繁杂的工作，甚至是不可能实现的工作。因为世界上根本不会有两个人对“社会责任”有完全相同的认识，就像对美的理解一样，每个人都有自己不同的看法。一个特别的SRI概念是泛蓝投资管理公司（Blue Investment Management）管理的泛蓝基金（Blue Fund），该基金的投资标准是依据公司及其最高职位的三名管理人员对民主党所作的金融贡献来评定的。当然每个公司都会对两个主要政党给予支持，并在两个政党之间摇摆，所以这也不是一个纯粹的策略。

如果你真的认为某些基金和自己的价值观“非常接近”，那么下一个要考虑的因素就是成本了。根据晨星公司的报告，SRI基金的平均成本为1.35%，这比我期望看到的该类投资的成本高出了4倍还多。这样的情况下当然就要考虑收益了。SRI基金有过偶尔超过整个股市的情况吗？是的，有过，但是其付出的代价又如何呢？

CNNMoney网站在2007年春天对这个问题进行了报道，网站编辑们查阅了规模达16亿美金的多米尼社会指数（Domini Social Fund，DSEFX），发现其数年来的表现一直不如其他指数基金，这可能源于它高达0.95%的基金成本。自从它把策略调整为主动选股以“改善表现”，又把基金名称改为多米尼社会股票基金（Domini

Social Equity），同时聘请主动投资经理来进行管理，这样一来成本更是上升到了1.15%。这种向主动投资策略的转变从长远来看有可能导致更糟糕的后果，但至少它“调整”了基金的较高成本（要知道选股人和市场预测者同样也需要钱）。

其他所谓的SRI基金已经决定改变或重新定义自己的投资原则，以增加投资的灵活性。帕斯世界平衡基金（The Pax World Balanced Fund，PAXWX）自从投资星巴克（该公司获准制造咖啡酒）和雅虎（该公司包含在线赌博业务）两只股票以来，已经放开了对造酒和赌博业的限制。同样，自从认定核反应堆技术可能在减少温室气体排放方面起一定作用后，另一个大SRI投资者卡尔弗特集团（Calvert Group）也正在重新考虑对核技术股票的限制。

基金理念和目标上的这种主流改变可能让热心的SRI投资者感到非常困惑。如此宽泛地定义SRI还有什么意义呢？但是如果还严格地限制其范围，那么它被严重缩小的投资回报又如何解决呢？别指望美国证券交易委员会能给出帮助的办法。如果你所持有的基金计划改变了投资策略，根据美国证券交易委员会的规定，则会要求它通知你并给你发送更新过的公开说明书，仅此而已。美国证券交易委员会不会要求这个基金必须遵从任何SRI的规定。所以，当你终于发现某个基金和你的价值选择完全相同，但是如果没有你的投入，基金经理可能会更改他们的内容规定，这样你就面临着将其卖掉并因此不得不交税的局面，而且还要解决再选什么样的投资目标的问题。

另一个主要问题是，由于绝大多数SRI基金仅仅持有美国大盘股，所以想通过这样的基金建立分散的投资组合非常困难，甚至是不可能的。所以，如果你希望合理地分散风险，就必须同时投资其他非 SRI 基金。

还有一个需要考虑的问题，那就是你所购买的共同基金包含公司的投资组成。你认为它很单纯，但这些基金中的有些公司本身会投资于其他公司甚至其他国家，这些投资对象可能会涉及与你的价值相反的活动。比如，迪斯尼在主题公园中为家庭提供了良好的环境，但他们的电影制片厂同时拍摄了一些低俗电影，这可能会让沃尔特在九泉之下不得安宁。盖茨基金在涉及赌博业务的公司中至少投入了 2.24 亿美金，它唯一的投资屏蔽领域是香烟公司。但是根据《洛杉矶时报》的报道，至 2005 年 12 月，盖茨基金至少有价值 4 300 万美元的资产，投资于直接从香烟产业中获利的公司。

大部分 SRI 基金的动机是纯洁的，和其他人一样，我也赞成应该对生活设立高标准和高尚的价值观。总的来说，我们应该推崇优秀的公司管理和公司责任，并将其作为公司的核心价值。同时我也相信这些因素对于促进健康高效的资本市场以及拓宽社会利益而言非常重要。但是将注意力完全集中于宏观层面的问题，很可能导致常说的“只见森林不见树木”的结果。

将自己的时间和金钱奉献给自己喜欢的、致力于志愿和慈善捐赠的事业很重要。众议院前发言人奥尼尔（O’Neill）曾经说过：“所有的政治都是地域性的。”我们是否可以把这个原则应用在社会责任上呢？毕竟，如果我们能对地域性的慈善做出贡献，全球性的问题也会逐渐减少。下面是 SRI 的一些其他投资方式，这可能对实现你在这方面的预期有所帮助。

首先，要理解在当今社会中实现你的社会责任投资计划的极端困难性。不同公司及其相互间的业务处理非常复杂，通常还相互纠缠在一起。你又如何能监控每一个公司的每一笔交易和某一基金的所有执行官，以确认他们和你的价值目标保持一致呢？何况还有基金经理为了迷惑你的想法而专门做了变化呢？在黑白分明的世界中，我们应该努力投资于 SRI，但问题是不管我们是否喜欢，这个世界有很多灰色的方面。如果在投资组合中实现社会纯洁几乎是不可能的，那为什么又要付出这么高的代价去尝试呢？

其次，可以说通过 SRI 策略进行投资所得的收益几乎必然要落后于多样化的投资策略。2007 年底，晨星公司对可用的 278 只 SRI 股票基金数据进行分析后发现，其中超过半数的收益处于美国大公司股票基金的最后 25%。同时我还发现，这些基金的平均换手率为 57%，表明整个交易过程中发生了大量的选股与市场预测活动（25% 的换手率是个比较好的标准）。但是即使这不是它们表现较差的主要原因，与 0.4% 的标准成本相比，20 年来一直支付将近 1.35% 的费用比率也是一笔巨大的开支。以 100 万美元的投资量为例，0.95% 的差异在 20 年中积攒下来的总费用差异是 208 166 美元。这是一笔巨大的开支，我们本可以用这笔钱来促进我们的社区、个人事业，进行慈善捐助或留给我们所爱的人。

我平时一直鼓励读者和听众要多做善事，不做坏事，任何时候都要尽力给别人以帮助。从外面到家里，从社区到你钟爱的组织或慈善机构，要善待你有幸遇到的所有人，并控制好你的钞票，因为它们“很重要”。不管基金经理所宣传的事业多伟大或者其使用的技巧多美妙，都不要把这些钱送给他们管理。让我们每个人都承担起自己的责任，这样我们才能给我们的后代留下一个更美好的世界。

为什么说慈善捐赠和遗产不仅包含金钱

随着在生育高峰期出生的人逐渐到了退休年龄，美国也正面临着最大的财富传递过程，据估计这笔财富在 41 万亿 ~44 万亿之间。虽然人们希望后代过得更好的想法非常好，但是在将财富传递给下一代的过程中却经常出现问题。请注意这些情况：研究表明，所有继承的财富中有 65%~70% 在第二代就已经被消耗殆尽，而在第三代或更远的后代中这一数字达到了 90%。把财富传给下一代是一回事，把这些财富保留在家族中则是另外一回事。

根据遗产研究中心（Heritage Institute）创办人之一、《打破弥达斯诅咒》（*Beating the Midas Curse*）一书的作者罗德·伊伯（Rod Zeeb）的说法，这种现象的问题在于当家庭给孩子或孙子辈留下的遗产通常就是全部资金。伊伯在“投资革命”节目中告诉听众，遗产能够长久流传的关键是将遗产、价值观和当初挣得第一桶金的职业道德一起传给下一代。他在遗产研究中心工作期间采访了大量家庭，他问的第一个问题就是他们认为生活中最重要的东西是什么。“答案从来都不是金钱，”伊伯说，“通常是关于家庭或价值观等，这才是真正能够流传到第二代或第三代的东西。”

那么我们如何才能将价值观和金钱一起流传下去呢？首先就是要谈话，谈我们过去的故事以及对我们来说最重要的东西，要以最能清楚显示我们最看重的东西的方式来说明我们的信念。然而不幸的是，很多家庭认识到这一点时都已经太晚了。伊伯建议孩子已经比较大的家庭应该请人帮助，以成年人谈话的方式来说出这些最重要的东西。

同时还可以设置一些情景，如给子女或孙子辈一些钱或其他资产，让他们现在就开始锻炼如何支配。如果后代能够在父母或祖父母的看管下学习，即使出现了错误也有改正的时间。

请在我们的有生之年收获捐赠财产的成果吧，不要浪费了自己做慈善捐赠时的快乐和成就感。另外，留下遗产是一个艰难的决定，做出这个决定之前应该做充分的考虑，当这一刻真正来临的时候，请确保我们流传下去的不仅是财富，同时还有我们的价值观，这样我们的财富才能真正的代代相传。合理管理我们的资产才是最重要的事情，但是，真正能衡量我们财富的是当我们身无分文的时候自身的价值。

肯·布兰佳，一分钟改变自己的生活

自从我读了肯·布兰佳的名著《一分钟经理人》之后，就成了他的忠实粉丝。事实上，我公司中的所有新雇员在上班的第一天，都会得到这样一本书作为礼物。

2008 年我们采访布兰佳博士时的主题就是简单化，事实上这也正是肯·布兰佳和斯宾塞·约翰逊（Spencer Johnson）在《一分钟经理人》中所讨论的话题。在公司和人员的日常管理方面，很少有人比布兰佳的影响力更大。这本书在全球范围内的销量已经超过了 1 800 万本，并且他所有的书，包括近期出版的，都会不时地出现在畅销书榜单上。布兰佳已经独著或与人合著了 40 多本书，最近的一本是《一分钟创业家》(*The One Minute Entrepreneur*)。

和任何一位伟大的教师一样，布兰佳博士能够把本来复杂的概念转化为简单易懂的叙述，让未入行的人更容易理解。他是简单化的大师。爱因斯坦曾经说过："应该把问题尽量简化，但不要过于简化。"如果历史上有某个时间真正需要简单化的话，那肯定就是现在——信息时代。

根据《一分钟经理人》的内容，我询问了布兰佳博士如何解释委托投资和个人责任，以及关于投资者如何使用他开发的工具来引导自己的投资的问题。

他回答道："我认为投资者应该明白委托投资和完全撒手之间的区别，我们可以委托专业人士做市场研究，看看市场的走向等等，但是不应该完全撒手，不管不问。之后如果事情没有成效就开始说：'你怎么能这样对我？我可是把钱都给你了。'我认为我们与投资顾问之间应该是搭档关系，让他们做他们擅长的方面，给我们一些建议并教我们如何投资，这才是委托。但是我们也要负一定的个人责任，当情况没有完全按照预期发展的时候不应该完全责备他们，因为总有一些因素会超出人们的控制。总之我们要成为整个过程的一部分。"

布兰佳博士最近和《公司》杂志(*Inc.*)进行了一次对话，其中的一个观点是："当今美国商业存在的问题属于华尔街的短期思维方式，也就是说，商人只关注结果而忘记了工作中的人。"我询问他是否认为这些华尔街的商业情绪会渗入到工作和家庭的决策中，而非仅仅存在于投资决策中。

"会的。我想可能会出现的情况是，如果你开始思考你是谁并且让这决定了你的最终结果——你的表现和其他人对你的看法，你就真的有问题了。因为这些情况都会因日常情况而发生变化，我们不会永远处于生活的顶峰，但是如果你认为自己就是这样的人，那么你就成为了一个机器，而非一个人了。你会忘了生活中最重要的东西，在我看来也就是你的信念，你的家庭，你的朋友，最后才是你的工作。"

"我永远也不会忘记几年前和伟大的达拉斯牛仔队（Dallas Cowboys）教练汤姆·兰德里（Tom Landry）一起参加一个节目时的情景。由于他经常能在疯狂的比赛中保持平静，有人就问：'你是如何做到这些的？'他回答说：'这很容易，我会将所有的事情按照优先程度进行排队，第一位是我的上帝，第二位是我的妻子，然后是我的孩子们，最后才是工作。所以，即使我星期天输了比赛，我还有很多重要的事情。'我想这就是保持所有的事情都有序进行所需要的素质，也是确保不因为考虑自己到底是谁而让自己迷惑的必备条件。"

《今日美国》称布兰佳的最新著作《一分钟创业家》为"小字箴言"。为了写这本新书，布兰佳博士从许多有声望的商业领导者那里获得了很多建议。我问他在这些人的观点中，他最喜欢的是什么。

"我最喜欢的观点是：'利润是因你照顾顾客和为人们创造了能激发动力的环境而得到的掌声。'这就是我们所要考虑的，所以不要过分强调结果。虽然利润非常重要，但它同时也起到了照顾两类人的作用，那就是你的顾客和人们。第二个我非常喜欢的观点来自伟大的查理·琼斯（Charlie Jones）：'如果不是因为所读的书和所遇到的人，你将整日荒废生命，毫无进步。'

你需要保持开放并学习，这很重要，否则你就会变得陈腐，而且有可能被蒙上一层污垢。”

最后，我问布兰佳博士如果有一本书叫作《一分钟投资者》（*The One Minute Investor*），他能否给出一两个这本书中应该包含的观点。他的回答非常经典，且发人深思。

“我会在这本书中写一章‘永久成功测试’。永久成功测试中会涉及到如果你不为别人服务并帮助别人，你将永远不可能变得非常富有；如果仅仅是为了自己挣钱，这反而会伤害自己。但是如果挣钱是为了有机会为别人服务并做出贡献，这就非常重要。我希望能用一整章来讨论这个问题。”

“我希望出现在《一分钟投资者》中的另外一章是‘慷慨的因素’。很多时候，人们衡量自己成功的标准就是挣了多少钱，我认为这失去了人生的总目标。当然，多挣钱本身并没有错，但问题是你要用这些钱做什么？‘慷慨的因素’将讨论你对自己的时间、才干以及财富有多么慷慨。我希望将投资回归正确的位置，就是因为我认为我们过于贪婪了。”

我发现肯·布兰佳非常真诚，你可以看出他的处境非常舒适，生活也非常好；他是那种能让你反复思考他所说过的话的人，因为你明白自己总能从他的话中有所收获；他关于目标、期望和投资的想法总是一针见血；他的乐观态度显而易见。我想这就是为什么他属于自己经常说的那种能一直保持成功的人。

投资组合检查八要点

受肯·布兰佳简单化思想的影响，我给读者提供了分析自己的投资时需要考虑的八个原则，这些投资原则可以作为当前操作的指南，也可以作为日后查阅的基础资料。

1. 检查自己的资产定位

投资组合中第一个要检查的问题就是在股票和债券两者之间的定位。一般来说，退休前投资于股票的资金应该不少于80%。有一点可以确信的是，长期来看（投资中的长期指最少5年的时间），股票不仅可以实现较高的预期回报，而且比债券更安全，但是如果投资者的风险承受能力不是很高，也可以减少股票投资。

退休以后所持短期债券的数量应按照每年所需现金乘以5来计算，这样计算的基础是标准普尔500指数自大萧条以来还没有出现过的连续4年的下跌，这让我们有信心从根本上忽略股市的波动。在所有投资中，持有5年所需资金量的短期债券可以应对所有的市场下跌周期，还可以有一年的资金备用。

更保守一点的投资者会持有更多的短期债券，这样感觉更舒服，但是如果真正明白了市场的周期性特点，就会知道这根本没有必要。请记住即使股市中真的出现了连续5年的下跌，也不太可能出现所有类型的资产同时贬值的情况。即使绝大多数类型的资产都在下跌，也肯定会有一两种在上升。即使在2000年3月到2002年10月这一历史上最严重的熊市期间，以罗素2 000价值指数（Kussell 2000 Value Index）为代表的美国小盘价值资产也获得了16.1%的收益。这让投资者有机会实现阶段性的平衡，也就是说，可以用股票中上涨部分的收益来弥补债券部分的不足。所以即使有人推荐准备5年所需资金量的债券，在阶段平衡技巧的帮助下也基本用不上。

2. 避免对国际市场投资比例过低

个人投资者通常犯的一个错误就是在国外股市投资较少。对于即将退休和已经退休的人来说，国际市场的投资应该占到总资产的25%~40%。即使国际股市投资比例达到了50%也没有问题，因为全球总资本有接近60%位于美国以外的市场中。

国际市场的发展速度可能会与美国国内有所不同。比如2006年，MSCI EAFE指数上涨了26.8%，而标准普尔500指数只上涨了15.8%；同样在2007年，两者分别为11.6%和5.5%，美国小盘股当年的收益也比国际指数低了1.5%。美元的走弱经常被认为是一件不好的事情，但它却促使国际市场在近几年拥有较好的表现，因此不投资于这些市场肯定会错失良机。

3. 避免5年以上的固定收入投资品种

不管利率处于什么水平，我们都需要短期债券基金。短期是指两年或更短的时间。我认为投资者没有任何理由把固定收入的投资品种持续5年以上。债券的作用仅仅是平抑波动性和提供现金流动需求，不能依据个人猜测的利率走势来决定债券投资量。

让人吃惊的是，有人在债券经济事务所耗费了大量精力，幻想通过固定收益投资来发大财。经纪人会利用很多投资者对股票的担忧，大肆宣传一些很少出现的风险（其中最主要的是通货膨胀）。长期债券对于整体投资而言只能产生很少回报或根本就没有回报，但是必然会造成不必要的风险。记住，投资者应该用债券提供现金流动，用股票实现长期收益。

4. 避免对小盘股投资比例过低

个人投资者另外一个常出现的问题是对小盘股投资过少。我经常开玩笑说，如果我真的有勇气的话，就把所有的资金都投到小盘价值股上，过上 15 年再看看怎么样。在 1993—2007 年的 15 年间，小盘价值股年均收益达到 12.46%，除了 2008 年 29% 的下跌。

从 1926 年以来，小盘股的年均收益几乎超出大盘股 2 个百分点。但是，毕竟很少有人有如此大的胃口来承担这些收益中巨大的波动性，所以我们把投资尽量分散，这样便能立于不败之地。尽管有很高的风险，未退休的人还是应该保持大约 30%~40% 的小盘股投资（包括国内和国际小盘股），已经退休的也应该保持在 25%~35% 之间。毕竟高风险意味着高收益，这是投资中的最高法则。

5. 避免对价值股投资比例过低

有一个观念认为应该投资于成长型股票，因为这就是投资者的目标——实现投资的增长。其实“成长”一词误导了投资者，因为事实上“价值型”股票的长期收益要优于成长型股票。也许价值型股票没有那些提供热门产品或服务的投机性成长股票谈论起来那么激动人心，但是如果投资者的目标是要实现真正增值，价值型股票才是最适合的选择。在所有股票投资中，有 50%~70% 应该是价值型股票，剩下的应该是多种资产的混合投资，这些混合品种中应该包含足够的成长型股票。

6. 考虑税收因素

考虑投资账户的税收因素时，应遵从以下四项简单规则：

- 短期资本收益很少需要交税，因为这些收益要按照普通所得税率收缴。如果交了税，则肯定是基金经理进行了市场预测和挑选，这是投资中的大忌。
- 在应税账户中尽量使用税收优惠基金，额外的税收优惠意味着更高的回报。
- 债券应该使用暂缓征税账户，因为其所得收入是按照普通所得税税率上缴的。退休人员可能需要在应税账户中持有一些债券以满足先进流动需求。
- 选择换手率一般在 20%~40% 之间的基金。如果换手率更高，则证明必然存在那两个不应有的行为：选股与选择时机。

7. 估量基金费用

投资组合中的股票型基金的费用（费用比率）不应该超过 0.4%。2007 年市场中的股票型基金平均费用为 1.32%。你会发现，不同基金的费用有很大差别。由于较高的交易费用和较低的市场流动性，新兴市场基金以及很多小盘股基金的费用比较高，这就是为什么在投资组合中所有基金的平均成本率是一个重要的衡量标准。债券型基金的费用应该在 0.3% 以下，基金费用超过这一标准就表明基金经理在使用你的资金来弥补零售广告和市场推广的成本。作为持有基金的人，我们为什么要替基金公司吸引新客户付更高的费用，结果反而是基金公司得到更多的利润呢？

8. 评估你的投资顾问

- 投资者应该选择独立的投资顾问公司，因为这种公司并不依附于某一“老大哥”经纪公司，也就不用担心这种公司的监视和将本周的热门投资品种卖给顾问公司，进而卖给投资者自己。

- 这个公司应该是仅收取服务费并且直接支付的经纪公司，也就是说，它所挣的每一美元都来自客户，同时这个公司还应该不接受“软美元”或者酬金等。如基金公司或基金托管人提供的国外度假或其他额外补贴等，顾问的薪水支票上应该只有投资者的名字。
- 在顾问的名字后面一定要找找有没有注册金融理财师（CFP）的称号，这是金融行业中知识和能力水平最高的称号。这种资格表明你的顾问在客户关系中会非常愿意做好委托人的角色，同时要把这种关系书面写出来，这样你的顾问将有更高的可信度。
- 检查公司在管理业务时是否采用团队合作。在金融领域有很多天才，其中任何一个都可能表现不俗，但是如果他因为某种原因（包括健康原因或死亡等）而离开公司，你就没人依靠了。团队合作可以保证你的咨询具有连续性，同时，正如古语所说，“三个臭皮匠，顶个诸葛亮”，团队合作肯定能让你和你的家庭更加受益。
- 最后，问问你的投资顾问，他是否对所有客户都采用同样的投资策略，换句话说，他是否对所有客户都提供同样的建议呢？如果答案是肯定的，那你肯定也得不到“一周见效”的建议。

反思投资组合的这八个原则可以帮你寻找到一位独立、可信赖的投资顾问，并让其提供一份书面《投资政策说明》，从而引导你的整个投资过程。但是如果采用被动投资策略，这些原则很多都能自动实现，省去了不必要的麻烦。

亚瑟·布鲁克斯，金钱与快乐

亚瑟·布鲁克斯是雪城大学麦斯威尔公民权及公共事务学院（Maxwell School of Citizenship and Public Affairs）公共管理系教授，非营利研究项目（Nonprofit Studies Program）负责人。他经常参加广播节目，并就美国文化、政治和经济生活之间的关系发表了许多文章，也出版过很多书籍；他还经常在美国、欧洲和亚洲国家进行演讲，并一直给《华尔街日报》社论版写文章。

我想称布鲁克斯教授为“快乐专家”。他最近的一本书《国民幸福总值》（*Gross National Happiness*）诠释了托马斯·杰斐逊（Thomas Jefferson）在《独立宣言》中所写的“追求幸福”的真谛。我相信如果我们都坐在亚瑟·布鲁克斯旁边，听他讲述为什么我们应该对能够生活在美国而感到幸福以及如何来实现，我们一定受益匪浅。

2008年9月，在采访他时，我提到有时一些好的金融决定会让我们感到不安，我请他对他所说的“比较效应”这一概念给予详细解释。

“我已经对快乐和金钱进行了很多年的研究。我是一个经济学家，所以我想知道，金钱能买到快乐吗？神父一直告诉我不能，妈妈也这么说。但是和其他很多人一样，我想自己搞清楚这个问题。当你看数据时会发现，只要开始不是一贫如洗，那么当一个人富裕的时候，他就不会因为财富的增加而感觉更幸福。可能的情况是，随着财富的增加，一般来说他会觉得自己更成功了，这种感觉会让他更幸福。但是成功并不一定要通过

金钱来实现，自己的家庭、志愿者服务或是一个挣得不多但是让人很满意的职位都能让人觉得成功，只是碰巧金钱和成功经常一起出现而已。”

有意思的是，在美国或者世界上的任何一个国家，人们都想比别人拥有更多的钱。根据很多学者对这一问题的研究，拥有比别人更多的钱让人感觉很好，所以很多人认为这种“比较”的效应非常重要。

但是数据并不能完全支持这种看法。很多人都希望他们的生活更有意义，他们希望自己的成功来源于所创造的价值。简单地说，当人们的事业发展得非常好时，他们倾向于能够在这方面做得更多，这就是为什么挣的更多的人比挣的少的人感觉更幸福，因为他们想要更成功的人生。

“事实上，如果你同时问两个人，‘你认为你的生活有多成功？’，即使一个人挣的比另一个多8倍，他们也同样会认为自己是幸福的。所以，换句话说，真正比较的不是金钱的多少，而是对成功的感觉。如果你希望给你的孩子或者你自己更多幸福，就要做一些和自己的技能和激情相匹配，并且能让自己更满足的事情，尽管这也包括金钱。数据显示，金钱通常会是其中一个因素，但绝非是最重要的一个。”

布鲁克斯的回答让我想起了像他那样对待金钱的讽刺故事。布鲁克斯教授在他的书中写道：“是工作使我们感觉幸福，而不是休闲。90% 的美国人喜欢自己的工作，70% 的人认为即使经济上独立了仍然会继续工作。”我想知道这只是美国的情况还是全世界都是这样，尤其想知道退休的美国人的情况。我们一直努力工作，目的就是希望得到以后的悠闲，然而这项研究却告诉我们最好一直工作，因为这才是幸福的所在。

布鲁克斯做出广泛研究的另一个有趣的领域是慈善问题。他的观点是：对于一些社会弊端，能够给出最好的解决办法的是个人，而不是政府，其中的关键就是人们给出了多少捐赠。我希望他能告诉听众为什么他这么认为。

“我之前说过，金钱不能买到幸福，但只有一个例外。我可以马上给听众1 000美元的幸福，但是钱不要给我，把它捐给你最喜欢的慈善组织吧。”

“我们发现当人们进行慈善捐赠的时候，这种行为会对大脑的功能产生影响，它能够降低压力水平，增加内啡肽，人们会感到有些眩晕，但马上会变得更幸福。人们进行慈善捐赠、献出时间、献血或是给出其他有价值的东西时，就能把幸福感永久地提升到快乐的水平基线以上。这不是开玩笑，这是购买幸福的一个有用的方法。”

“这对我们的启示是，就像有些人期望的那样，我们进入了这样一种公共政策环境中，公共决策人说：‘慈善恰好证明政府没有做好自己的本职工作，恰好证明我们还有些未能满足的需求。如果政府做好了自己的工作，我们就不会对慈善事业有如此迫切的需求。’然而，这种想法完全错了。我们的研究中关于自愿捐赠的数据表明，我们停止捐赠的那一刻，就是我们开始变得更贫穷、更不幸且更不健康的时刻。”

他在之前的著作《谁会真正关心慈善》（*Who Really Cares*）中

表明，人们为慈善事业捐出的越多就越能促进GDP的增长。他说人们如果每人每年捐出100美元，就能获得平均375美元的额外收入。我请他对这一概念进行展开论述，同时想知道当面对困难的经济形势时，这一数据是否有所改变。

“我发现存在一个个人捐赠乘数，也就是说当人们给出捐赠时会变得更加富有。这听起来有点不可思议或者像宗教的训导，但是我们发现的事实是确实会出现这种神经化学反应。人们会希望降低自己的压力，在工作和生活中更加快乐，这样的人有希望取得更大的成功，也有可能挣更多的钱。”

“所以有实实在在的心理学和神经化学理由证明当人们给出捐赠时做事会变得更有效率，长远看，这些人必然能挣更多的钱。同时数据表明，这对宏观经济也有乘数效应。美国人每捐出1美元，所能得到的不仅仅是2.75美元，还能促进GDP增长达到19美元，这无疑是个非常了不起的作用。”

“当人们给出捐赠的时候能得到的大概是所给出的3~4倍，但是更大的作用在于可以提供工作、促进增长并促使美国更加繁荣。这说明两个重要方面：1. 慈善捐赠是个巨大的投资机会，谁都不应该忽略这个机会，实现投资收益的人应该多多少少考虑一下慈善事业，这是个聪明的投资选择；2. 另外，慈善捐赠是一种爱国行为，通过这种方式可以帮助其他人，进而帮助自己的国家，反过来对自己也有益，这也算是个小小的奇迹了。”

亚瑟·布鲁克斯属于那种真正给了我启发，并让我变得更优秀的嘉宾。同时祝愿我们每一个人都学会聪明地投资，并且要记住，当我们的快乐变得最简单时，我们就是最富有的人。

市场回报标准

当提起“股市”时，很多人会立即想到标准普尔 500 指数或道琼斯工业平均指数。这些熟知的指数几乎已经成为了“市场”的代名词，虽然它们合起来也只包含了大约 12% 的美国股票，而且还不包括占有世界资本市场 60% 的国际市场的股票。

由于这些指数易于统计和跟踪，所以 50 年来很受投资者重视。虽然它们只包含了所有股票中的一小部分，但却能清楚地反映出市场的走势。但是，在过去的 60 年里，由于电脑的发明和现代投资组合理论（MPT）的出现，投资出现了革命性的变化。我们现在都知道合理的投资需要包含 10~12 种资产类别，那么为什么华尔街和金融媒体还只是坚持其中几个呢?

令人吃惊的是，华尔街很少努力给投资者提供能代表整个市场的真正的标准。这个行业中经常会出现新的投资品种，但却一直没能设计出一个简单的标准来公平准确地衡量投资组合的表现，我相信连这种小事都没有做到的真正原因是华尔街不想让你明白它是如何运作的。但是投资者却需要一种方法来衡量自己的投资组合相对于整个资本市场体系而言的收益表现，这就是我们在 2004 年设计出市场回报标准（MRB）这一工具的原因。

在图 8—1 中可以看到，与标准普尔 500 指数相比，MRB 的构成情况。这一工具设计的目的就是展示 100% 股票投资组合的基本分布情况。请记住，这仅仅是投资组合中股票组成的比较工具，它代表了投资组合在 6 种主要资产类别中的分布，这 6 种资产类别分别是：国内和国际大盘股、国内和国际小盘股、新兴市场股票和房地产类股票。大盘股与小盘股应分别占 65% 和 35%（新兴市场股票分为一半大盘股和一半小盘股），美国国内股票与国际股票的比例为 2∶1（60% 比 30%，不包括房地产类）。

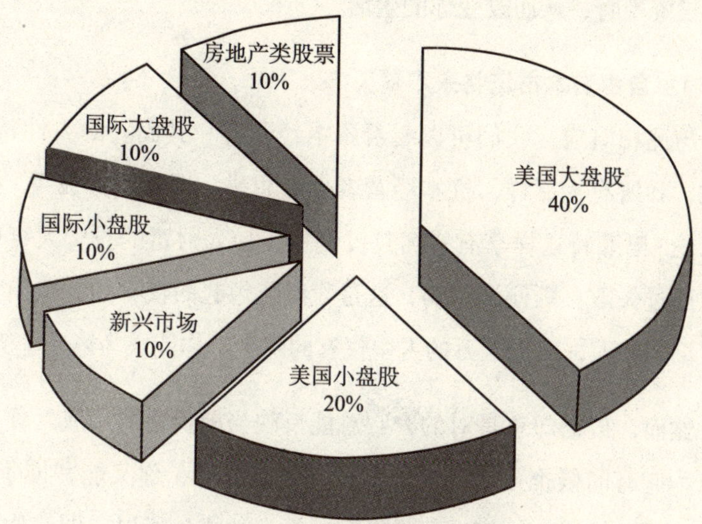

图 8—1　市场回报标准历史回报样本

投资组合中还应该分为子资产类别，比如小盘价值股和小盘新兴市场股等。所以，一个动态的投资组合会代表很多种资产类别，有些投资者更喜欢多投资于小盘股或国际股等。总之，细致的资产分布来源于包含投资说明的书面投资计划。

我希望这个新的衡量工具能够改变你的投资习惯，使其能包含所有合适的资产类别，以便更准确地衡量投资组合的收益。

三个永恒的投资原则

每次节目结束时我都会说："希望你能从今天的节目中学到一

些无忧地创造财富的方法。”投资节目的最终目的就是指导投资者如何消除对于资金的担忧，发现生命中最重要的东西，并使其享受投资的过程。下面这三个简单但是却永不过时的投资原则可以拓宽你的投资视野，从而改变你的生活。

原则 1：自由资本市场将永不覆灭

与此相对应，我们可以看看资本经营者和其固有的人性特点。首先，和所有人一样，资本经营者也会犯错，即使是像彼得·林奇和沃伦·巴菲特这样享有盛名且已创造了惊人财富的投资大亨也同样经历过失败。顺便说一句，这是我所能想起的仅有的创造出异常财富记录的人，成千上万的人中仅有的两个。你能成为第几个呢？

然而，市场却总是对的，它总能反映当前价格的构成。你是不是认为它有时候也是错的？但是即使真是这样，你又能和谁争论？又能向哪里投诉？如何进行投诉呢？没有地方！所以，即使你不同意，市场也总是对的。只要投资者接受了这个事实，就不会因为不知道下一步该做什么而苦恼。拥抱这个会给你带来成功的市场吧！

资本经营者都有野心，并且也应该如此。难道你没有吗？和你我一样，他们都希望爬上成功的顶峰，为自己和家人创造更好的生活。所以当他们经历好的时期并有机会取得更大的成功时，他们就会转向其他地方或其他目标。当他们做出这种行动的时候，他们就会带走所掌握的“专业知识”。然而不幸的是，人们有可能患上严重的疾病，也有可能在错误的一刹那冲到汽车前面，甚至有可能被大火烧伤，任何时候都可能出现这些危险。

但是市场呢？她总是按部就班地运行，她会综合包括各个时区、所有形式的资本市场，并提供世界各地的供求信息，分析各种数据，设定各种价格。有人认为她有时候可能会“生病”，事实上，可以把衰退看作市场的流感病毒，它偶尔会带来些许不适，但绝不会持久，也不会致命。市场总会恢复的，你的命运应该取决于自由资本市场的恒久特性，而非取决于一时的机会。

原则 2：维持长久的投资时间范围

你应该像机构投资者一样考虑自己的投资时间范围。如何设定时间范围呢？越长越好！请注意：机构什么时候出现过破产呢？学术捐助什么时候关闭过呢？都没有。其中一个原因就是这些资金的运营团队都在严肃地履行着受托人的职责。所以，机构都设定了长久的投资范围。

既然我们最终都有死去的一天，也就没必要制定永久的计划（虽然投资中应该这样）。我想这样的一个好处是我们永远不用为管理资金而担忧，最终你所钟爱的人或某一项事业会继承你的遗产。但是，即使你不能永生，设定一个长久的投资时间范围还是管理资金的最好途径。

个人投资者存在的最大的一个问题，就是资金管理中的短期思想和担忧。他们没有认识到或是忘记了“所有投资本质上都应该是长期的”这一道理。毕竟，你在 60 或 65 岁退休并不意味着你的投资也退休了，每个人都有希望再活 25~30 年，这对于投资来说已经很长了。

市场可能会出现一两年的衰退，但是长期（5 年或更长的时间）来看一切都会很好，机构受托人对这一点就很清楚。事实上，我们一直提倡的被动投资方法，在 20 世纪 90 年代向个人投资者提出之前，就已经在机构中得到使用了，投资者在投资管理中应该采取谨慎、自信且长久的投资态度。

原则 3：包括你的资产组合在内的所有资产都应该采取被动管理策略

你的投资组合的组成不应该基于市场条件，或像经常出现的情况那样，基于投资顾问推出的新的基金、年金或是股票等投资品种而设立，你应该咨询那些对每个投资者都提供过、已经证实有效的投资策略公司。

当然，由于年龄、家庭环境、退休时间范围和健康等原因，资产组合中各类资产的比例可能不同，但是对于策略本身而言，只有充分利用自由资本市场的被动投资策略才是唯一能够持续无忧地创造财富的策略，千万不要轻易接受其他投资解决方案。

2008 年 4 月，我在采访肯·弗伦奇时他曾说过："只有那些经常在想能为委托人做些什么的人或机构，才会真正把注意力集中在成本上，并认识到最好的方法就是被动操作。"

同时，你还必须"拥有市场"。我们可以通过机构资产类别基金来拥有整个市场，任何时刻都适合分散化地使用这些非凡的投资工具。你不必再为市场的波动而犹豫不定，相反，拥有市场就能够使自由市场自动地为你服务，而你可以做其他想做的事。

这一理论的辅助作用也非常明显，那就是你不用再一直紧盯市场。通过让市场自行工作，你可以不用耗时费力地紧盯市场涨跌和经济前景，这反过来可以让你避免在关注市场的过程中经常出现的情绪化错误。现在你明白预测市场和选股的无用之处了吧。

你可以做一些更有意义的事情——想想用解放出来的时间和精力做些什么吧，再也不要把自己束缚于市场和经济新闻中了。这让你有更多的时间来考虑生活中那些对你和你的家庭更重要的事。

这三条原则可以改变你的经济生活，进而改变生活中的其他方面。它们对每个投资者都是直接而适用的，它们简单而广泛适用的特点和其他传统思想大为不同。这让人吃惊，但同时这也是我们期盼已久的原则。华尔街一方面希望与投资者相互依赖，一方面又希望让你完全依赖它。这是投资中的另一个矛盾，同时也是你应该参与到“投资革命”节目中的另一个原因。

THE INVESTING REVOLUTIONARIES 小结

难怪在圣经中金钱比其他任何话题提到的次数都多，经济问题本身就一直贯穿于我们的整个生活中，无法避免，而你必须充分接受这个事实。我衷心地希望你在这最后一章中所读到的一些东西可以促使你做得更好。好好管理自己的投资，清楚地考虑金钱问题，为自己的生活定下一些可以赖以生存的原则，这不仅会改变你自己的生活，同时也能改变那些你经常遇到而后又慢慢离开的人们的生活。

湛庐，与思想有关……

如何阅读商业图书

商业图书与其他类型的图书，由于阅读目的和方式的不同，因此有其特定的阅读原则和阅读方法，先从一本书开始尝试，再熟练应用。

阅读原则1 二八原则

对商业图书来说，80%的精华价值可能仅占20%的页码。要根据自己的阅读能力，进行阅读时间的分配。

阅读原则2 集中优势精力原则

在一个特定的时间段内，集中突破20%的精华内容。也可以在一个时间段内，集中攻克一个主题的阅读。

阅读原则3 递进原则

高效率的阅读并不一定要按照页码顺序展开，可以挑选自己感兴趣的部分阅读，再从兴趣点扩展到其他部分。阅读商业图书切忌贪多，从一个小主题开始，先培养自己的阅读能力，了解文字风格、观点阐述以及案例描述的方法，目的在于对方法的掌握，这才是最重要的。

阅读原则4 好为人师原则

在朋友圈中主导、控制话题，引导话题向自己设计的方向去发展，可以让读书收获更加扎实、实用、有效。

阅读方法与阅读习惯的养成

（1）回想。阅读商业图书常常不会一口气读完，第二次拿起书时，至少用15分钟回想上次阅读的内容，不要翻看，实在想不起来再翻看。严格训练自己，一定要回想，坚持50次，会逐渐养成习惯。

（2）做笔记。不要试图让笔记具有很强的逻辑性和系统性，不需要有深刻的见解和思想，只要是文字，就是对大脑的锻炼。在空白处多写多画，随笔、符号、涂色、书签、便签、折页，甚至拆书都可以。

（3）读后感和PPT。坚持写读后感可以大幅度提高阅读能力，做PPT可以提高逻辑分析能力。从写读后感开始，写上5篇以后，再尝试做PPT。连续做上5个PPT，再重复写三次读后感。如此坚持，阅读能力将会大幅度提高。

（4）思想的超越。要养成上述阅读习惯，通常需要6个月的严格训练，至少完成4本书的阅读。你会慢慢发现，自己的思想开始跳脱出来，开始有了超越作者的感觉。比拟作者、超越作者、试图凌驾于作者之上思考问题，是阅读能力提高的必然结果。

好的方法其实很简单，难就难在执行。需要毅力、执著、长期的坚持，从而养成习惯。用心学习，就会得到心的改变、思想的改变。阅读，与思想有关。

[特别感谢：营销及销售行为专家 孙路弘 智慧支持！]

我们出版的所有图书，封底和前勒口都有“湛庐文化”的标志

并归于两个品牌

找“小红帽”

为了便于读者在浩如烟海的书架陈列中清楚地找到湛庐，我们在每本图书的封面左上角，以及书脊上部 47mm 处，以红色作为标记——称之为**“小红帽”**。同时，封面左上角标记**“湛庐文化 Slogan”**，书脊上标记**“湛庐文化 Logo”**，且下方标注图书所属品牌。

湛庐文化主力打造两个品牌：**财富汇**，致力于为商界人士提供国内外优秀的经济管理类图书；**心视界**，旨在通过心理学大师、心灵导师的专业指导为读者提供改善生活和心境的通路。

阅读的最大成本

读者在选购图书的时候，往往把成本支出的焦点放在书价上，其实不然。

时间才是读者付出的最大阅读成本。

阅读的时间成本=选择花费的时间+阅读花费的时间+误读浪费的时间

湛庐希望成为一个“与思想有关”的组织，成为中国与世界思想交汇的聚集地。通过我们的工作和努力，潜移默化地改变中国人、商业组织的思维方式，与世界先进的理念接轨，帮助国内的企业和经理人，融入世界，这是我们的使命和价值。

我们知道，这项工作就像跑马拉松，是极其漫长和艰苦的。但是我们有决心和毅力去不断推动，在朝着我们目标前进的道路上，所有人都是同行者和推动者。希望更多的专家、学者、读者一起来加入我们的队伍，在当下改变未来。

湛庐文化2008-2012年获奖书目

《正能量》

《新智囊》2012年经管类十大图书，京东2012好书榜年度新书。
35年职业经理人养成心得，写给有追求的职场人。
聆听总裁的职场故事，发掘自己与生俱来的正能量。

《牛奶可乐经济学》

国家图书馆“第四届文津奖”十本获奖图书之一，唯一获奖的商业类图书。
搜狐、《第一财经日报》2008年十本最佳商业图书。
用经济学的眼光看待生活和工作，体验作为“经济学家”的美妙之处。

《清单革命》

《中国图书商报》商业类十大好书。
全球思想家正在读的20本书之一。
一场应对复杂世界的观念变革，一部捍卫安全与正确的实践宣言。

《大而不倒》

《金融时报》·高盛 2010 年度最佳商业图书入选作品。
美国《外交政策》杂志评选的全球思想家正在阅读的20本书之一。
蓝狮子·新浪 2010 年度十大最佳商业图书，《智囊悦读》2010 年度十大最具价值经管图书。
一部金融界的《2012》，一部丹·布朗式的鸿篇巨制。

《金融之王》

《金融时报》·高盛 2010 年度最佳商业图书。
蓝狮子2011年度十大最佳商业图书，《第一财经日报》2011年度十大金融投资书籍。
一部优美的人物传记，一部独特视角的经济金融史。

《快乐竞争力》

蓝狮子2012年度十大最佳商业图书。
赢得优势的7个积极心理学法则，全美10大幸福企业“幸福感”培训专用书。

《大客户销售》

蓝狮子·新营销 2012 最佳营销商业图书。
著名营销及销售行为专家孙路弘最新作品，一本提升大客户销售能力的实战秘笈。

《自营销》

百道网2013年度潜力新书。
全球最具创意广告公司CP+B掌门人的洞见之作，让好产品和好营销同唱一首歌。

《认知盈余》

2011年度和讯华文财经图书大奖。
看“互联网革命最伟大的思考者”克莱·舍基如何开启无组织的时间力量。
看自由时间如何成就“有闲”世界，如何引领“有闲”经济与“有闲”商业的未来。

《爆发》

百道网2013年度潜力新书。
大数据时代预见未来的新思维，颠覆《黑天鹅》的惊世之作，揭开人类行为背后隐藏的模式。

《微力无边》

2011年度和讯华文财经图书大奖“最佳装帧设计奖”。
中国最早的社会化媒体营销研究者杜子建首部作品，一部微博前传，半部营销后传。

《神话的力量》

《心理月刊》2011年度最佳图书奖。
在诸神与英雄的世界中发现自我，当代神话学大师约瑟夫·坎贝尔毕生精髓之作。

《真实的幸福》

《职场》2010年度最具阅读价值的10本职场书籍。
积极心理学之父马丁·塞利格曼扛鼎之作。
哈佛最吸引人、最受欢迎的幸福课。

延伸阅读

《巴塞尔资本协议Ⅲ的实施》

◎ 著名经济学家巴曙松领衔著作。
◎ 关于巴塞尔资本协议研究最权威、最新专著。
◎ 巴塞尔资本协议Ⅲ的制定和实施，一个关乎中国银行业乃至金融业未来发展的重要现实课题。

《祖鲁法则》

◎ 20 世纪“英国股神”吉姆·斯莱特，写给私人投资者的选股秘笈。
◎ 阐述了挑选成长股的 7 大标准，以及投资者如何形成自己的投资组合。
◎ 只要掌握“祖鲁法则”，散户也可以大幅战胜市场，赢取丰厚利润。

《笑傲股市之股票买卖原则（经典版）》

◎ 投资宗师威廉·欧奈尔 50 年投资心得，畅销 100 万册的散户投资圣经。
◎ 5 大股票买卖原则 +3 大投资建议，笑傲牛熊的制胜法则。
◎ 全球 600 位顶级基金经理人奉为圭臬的投资理论，8 000 万中小投资者的指路明灯。

《一个金融衍生品交易员的自白》

◎ 高盛集团前资深银行家石川哲也最新力作。
◎ 一本比电影《华尔街》更精彩的金融小说，一本关于金融衍生品的实战教科书。
◎ 透视高盛、摩根士丹利、荷兰银行 3 大投行内幕，揭开金融衍生品命悬一线的危机。

James N. Whiddon, Nikki Knotts
The Investing Revolutionaries:
How the World's Greatest Investors Take on Wall Street and Win in Any Market
ISBN 978-0-07-162394-0

北京市版权局著作权合同登记号：01-2009-7514

图书在版编目（CIP）数据

华尔街真相：华尔街不会告诉你的事 /（美）威登等著；聂东发译．—北京：中国人民大学出版社，2013.11

ISBN 978-7-300-18336-7

Ⅰ.①华… Ⅱ.①威… ②聂… Ⅲ.①金融投资－通俗读物 Ⅳ.①F830.59-49

中国版本图书馆 CIP 数据核字（2013）第 258505 号

上架指导：金融投资 / 个人理财

华尔街真相：华尔街不会告诉你的事

［美］詹姆斯·威登　妮基·诺茨　著

聂东发　译

Hua'erjie Zhenxiang: Hua'erjie Buhui Gaosu Ni de Shi

出版发行	中国人民大学出版社		
社　址	北京中关村大街 31 号	邮政编码	100080
电　话	010-62511242（总编室）		010-62511398（质管部）
	010-82501766（邮购部）		010-62514148（门市部）
	010-62515195（发行公司）		010-62515275（盗版举报）
网　址	http:// www. crup. com. cn		
	http:// www. ttrnet. com（人大教研网）		
经　销	新华书店		
印　刷	北京中印联印务有限公司		
规　格	170 mm×230 mm 16 开本	版　次	2014 年 1 月第 1 版
印　张	15.25 插页 1	印　次	2014 年 1 月第 1 次印刷
字　数	176 000	定　价	45.90 元